삶·을·변·화·시·키·는
교사입니까

하워드 G. 핸드릭스 / 지음
김상복 목사 추천
김의원·조남수 / 공역

◆ 아가페문화사

TEACHING TO CHANGE LIVES

by
Howard G. Hendricks

translated by
Eui Won, Kim & Nam Soo, Cho

1993
Agape Culture Publishing Company
Seoul, KOREA

삶을 변화시키는
교사입니까
•
*TEACHING TO CHANGE
LIVES*

□ **추천사** □

 사람은 누구나 알게 모르게 다른 사람들을 가르치며 산다. 부모는 자식을, 선생은 학생을, 어른은 젊은이들을, 목사는 성도들을 가르친다. 기독교처럼 가르치는 것이 많은 조직체도 드물다. 특히 신학교 교수, 목사님, 주일학교 선생님, 또 부모들 모두가 이처럼 평생을 가르치는 일을 한다. 그러나 사실상 극히 소수를 제외하고는 어떻게 가르쳐야 가장 좋은 결과를 가져오는지 정식으로 배워본 사람은 드물다. 더욱이 교회에서 성경을 가르칠 때에는 성경 안에 있는 사실이나 지식을 전달하는 것만이 목적이 아니고, 인간 삶의 자체를 변화시키기 위해서 가르친다. 그래서 기독교 교육은 다른 교육기관의 가르침과는 본질적으로 다르다.

 일평생 신학교 강단에서 그리고 교회에서 나아가 전 세계의 온갖 기독교 대회들을 통해서 특히 미국에서 기독교 교육에 가장 영향력을 크게 미친 분이 하워드 헨드릭스 박사님이다. 이분이야말로 교수중에 교수이다. 전 세계의 많은 학자들, 선교사들, 목회자들이 이분의 가르침 때문에 삶이 바뀌었다. 이제 헨드릭스 박사께서 쓰신 『삶을 변화시키는 7가지 교수법』으로 알려져 있는 책이 한글로 번역이 되어서 한국 독자들에게 읽혀지게 된 것은 대단히 유익한 일이다. 물론 이 책은 영어권에서 이미 베스트 셀러가 된지 오랜 책이다. 이제야 번역되어 나온다는 것은 늦은 감이 없지 않으나 이제라도 출간되어 나오는 것은 목사, 주일학교 교사 뿐만 아니라 부모들에게도 참으로 다행한 일이 아닐 수 없다. 한글판으로 『삶을 변화시키는 교사입니까』라는 제목으로 출판되지만 교사뿐만 아니라 누구에게나 유익한 책이 될 것을 믿으며 주저 없이 기쁨으로 추천한다.

              1993 . 1 .

              김 상 복 아세아연합신학대학 교수
                         기독교햇불선교재단 실행위원장
                         할렐루야 교회 목사

□ 역자 서문 □

　신앙 생활에는 세 가지 단계가 있습니다. 내게 오라, 내게 배우라, 나를 따르라. 우리 주님은 언제나 이 세 가지 단계를 가지고 아주 쉽게 사람들을 가르치고 양육하셨습니다. 그분의 가르침은 때로는 길을 가다가, 때로는 배 위에서, 때로는 들판에서 너무나 쉽게, 그러면서도 듣는 이의 가슴을 파고 들어 고민하게 하고 그들의 삶을 바꿔 놓는 가르침이었습니다.

　그러므로 주님의 가르치심에는 능력이 있었고, 다른 선생이나 서기관들의 죽은 교육과는 많은 차이가 있어 듣는 모든 사람들로 하여금 놀라게 하였던 것입니다.

　이번에 번역된 달라스 신학교의 교수인 헨드릭스 박사가 쓴 '삶을 변화시키는 교사입니까'(Teaching to Change Lives)이란 책은 미국에서 오랫동안 베스트 셀러로 널리 알려진 것이며, 주일학교 교사들이나 자녀들을 가르치는 학부모들에게 많은 영향을 주었던 책입니다.

　이 책의 핵심 내용은 살아 있는 하나님의 말씀을 단지 지식적으로만 전달하는 것이 아니라 삶을 어떻게 효과적으로 변화시켜야 하는가에 그 초점을 맞추고 있습니다.

　본서는 누구나 한 번씩은 꼭 읽기를 권하고 싶고, 특히 가르치는 사역에 종사하는 분들에게는 필독을 요하는 책이 될 것입니다.

　우리는 그 동안 너무나 많이 지식 중심적인 교육에만 치중한 감이 없지 않았습니다. 그러나 삶이 바뀌지 않는 교육은 열매 없는 무화과 나무와 같습니다.

　모쪼록 이 책이 교사나 학부형들을 비롯한 모든 분들에게 귀중한 벗이 되기를 바랍니다.

1993. 1

역자 김의원, 조남수

□ 머리말 □

전달에 대한 열정

내 인생의 첫 출발은 당장 죽어 지옥에 간다 하더라도 누구 하나 내게 관심을 갖지 않을 정도로 비참했습니다. 나는 내가 태어나기 전부터 부모가 별거했던 결손 가정에서 태어났습니다. 나의 부모님이 함께 나란히 있는 것을 본 유일한 시간은 내가 이혼 법정에서 증언하도록 부름을 받았던 18세 때뿐이었습니다.

소년 시절 나는, '복음주의 교회는 결코 받아들일 수 없다'고 고집하던 북 필라델피아 근처 마을에서 살았습니다. 그러나 하나님은 사람들이 무엇인가를 할 수 없다고 말할 때마다 깜짝 놀랄 만한 일을 준비하고 계셨습니다. 하나님은 소집단의 그리스도인들을 연합시키시고, 그곳에 작은 집 하나를 사서 교회를 시작하게 하셨습니다.

그 교회에 월트(Walt)라는 사람이 있었는데, 그는 국민학교밖에 다니지 못한 사람이었습니다. 어느 날 월트는 주일학교 부장에게 자신도 주일학교의 한 반을 맡기 원한다고 말했습니다. 그러자 그 부장은, "월트, 그것 참 좋은 생각이네. 하지만 자네에게 내어줄 자리가 없네."라고 대답했습니다. 그런데도 월트가 막무가내로 졸라대자 그 부장은 "좋아, 그럼 밖에 나가서 한 반을 만들어 보게. 자네가 데려오는 사람은 누구든지 자네의 반이 되는 걸세."라고 제안했습니다.

그때부터 월트와 내가 하나의 공동체를 이루게 된 것입니다. 우리가 처음 만난 그때 나는 시멘트 바닥 위에서 공기 놀이를 하고 있었습니다. 나를 발견한 월트가 "애야, 너 주일학교에 가고 싶지 않니?"라며 말을 걸어왔습니다.

그의 말에 나는 관심이 없었습니다. 왜냐하면 그 당시 주일학교에서 가르치는 것은 모두 나에게 흥미를 주지 못했기 때문입니다. 그러자 그가 또다시 말했습니다.

"그럼 나하고 함께 공기 놀이 할까?"

공기 놀이는 무척이나 재미있었습니다. 그래서 우리는 함께 공기 놀이를 하였고, 비록 그가 계속해서 이기긴 했지만 재미 있어서 오랜 시간 동안 같이 놀았습니다. 그때부터 나는 그가 가는 곳은 어디든지 따라다녔습니다.

월트는 13명의 아이를 모아 주일학교 반을 만들었는데, 그 중에서 9명이 결손 가정에서 태어난 아이들이었습니다. 그러나 지금은 그 13명 중 11명이 전임 사역자가 되어 곳곳에서 봉사하고 있습니다.

사실, 나는 월트가 우리에게 가르쳐 준 것에 대하여 많은 것을 기억할 수는 없지만 그에 대하여는 자신있게 말할 수 있습니다. 왜냐하면 그는 그리스도 안에서 진정으로 우리를 사랑했기 때문입니다. 그는 부모님이 나를 사랑했던 것보다 더 많이 나를 사랑해 주었습니다.

월트는 우리를 데리고 종종 소풍을 갔었는데, 나는 그때를 결코 잊지 못할 것입니다. 왜냐하면 우리가 그의 기분을 많이 상하게 했을 때에도 그는 세심한 배려를 아끼지 않았고, 우리와 함께 험한 산길을 땀 흘리며 오르내렸기 때문입니다.

  그는 재능이 특출난 사람은 아니었지만 진실된 모습을 보여준 참 사람이었습니다. 나와 우리반 아이들도 그의 그런 성품을 잘 알고 있었기 때문에 무척이나 그를 따르게 되었던 것입니다.

  여러분도 알다시피, 가르침에 대한 나의 관심은 직업적인 것 이상입니다. 이러한 관심은 매우 인격적인 것이었으며, 사실상 강렬한 열정이기도 하였습니다. 오늘날 내가 교회의 사역자가 된 가장 큰 이유도 하나님이 나의 인생 길에 참 교사를 보내 주셨기 때문입니다.

  본서는 가르침에 있어서 중요한 일곱 가지 개념에 관한 것인데, 그러한 개념들을 법칙이라 부르기로 하겠습니다.

  1. 교사의 법칙(The Law of the Teacher)
  2. 교육의 법칙(The Law of the Education)
  3. 행동의 법칙(The Law of the Activity)
  4. 전달의 법칙(The Law of the Communication)

5. 마음의 법칙(The Law of the Heart)
6. 격려의 법칙(The Law of the Encouragement)
7. 준비의 법칙(The Law of the Readiness)

이 일곱 가지 법칙들을 요약하면 '전달에 대한 열정'이라 할 수 있을 것입니다.

수년 전 나는 시카고에 있는 무디 기념 교회(Moody Memorial Church)에서 열린 주일학교 집회에 참가한 적이 있습니다. 그 집회에 강사로 참석했던 우리 세 사람은 점심 시간에, 길 건너에 있는 작은 햄버거 가게로 갔습니다. 그곳은 이미 초만원이었지만 다행히 우리는 금방 넷이 앉을 자리를 잡을 수 있었습니다. 우리는 거기서 할머니 한 분이 그 집회에서 나눠준 가방을 휴대하고 있는 것을 보고 그녀에게 우리와 동석하도록 제안했습니다.

대화를 나누는 동안 우리는 그 할머니가 미시간 어퍼 반도의 한 도시에서 온 83세의 노교사임을 알게 되었습니다. 그녀는 주일학교 학생이 모두 65명인 교회에서 13명의 중등부를 맡아 가르친다고 했습니다. 그러면서 그녀는 집회가 열리기 전날 밤에 그레이하운드 버스로 시카고의 여러 곳을 돌아다녔다고 말했습니다. 그 이유를 물었더니 그녀는 "나는 보다 나은 교사가 되기 위해 무엇인가를 배우러 왔다"고 대답했습니다. 전체 학생이 65명 뿐인 주일학교에서 13명의 중등부를 맡고 있다면 아마 대부분의 교사들은 스스로 만족해 하며 구태의연하게 교육할 것입니다.

"뭐라구요, 나보고 교사 세미나에 참석하라구요? 주일학교 학생들은 내 실력으로도 충분히 가르칠 수 있소!"

그러나 이 노교사는 그렇지 않았습니다.

그녀의 가르침을 받았던 85명의 학생들이 지금은 모두 목사가 되어 하나님의 말씀을 가르치고 있다고 합니다. 그 중에서 22명은 내가 재직하고 있는 신학교를 졸업했습니다.

만일 여러분이 나에게 이 노교사가 어떻게 그 학생들에게 이런 영향력을 끼칠 수 있었는가에 대하여 묻는다면, 내가 20년 전에 말했던 것과는 전적으로 다른 대답을 할 것입니다. 그 당시에 나는 그녀의 교육 방법론을 신뢰했습니다. 그러나 지금에 와서는 그녀의 교수법이 효과를 보았던 것은 전달에 대한 그녀의 열정 때문이었다고 깨닫게 되었습니다.

여러분에 대한 나의 바람은, 하나님이 여러분에게 그와 같은 열정을 베풀어 주시고 또 그 열정을 결코 식지 않게 해주시는 것입니다. 누군가가 여러분의 말에 경청하고, 여러분으로부터 배우고 있다는 생각을 결코 잊지 말기 바랍니다.

하워드 G. 헨드릭스

차 례

- 추천사
- 역자 서문
- 머리말(전달에 대한 열정)

제1장/교사의 법칙 · 17
교사를 구함/ 변화시킴/ 성장:보다 원대한 청사진/ 당신의 지적 차원/ 육체의 중요성/ 사회적인 면/ 나는 어떻게 하고 있는가/ 빈 주춧대/ 생각해 봅시다

제2장/교육의 법칙 · 47
긴장 상태/ 분명한 목표 설정/ 기초적인 기능/ 실패는 모든 것의 기초가 됩니다/ 특별한 경우/ 노력의 결과/ 생각해 봅시다

제3장/행동의 법칙 · 71
최대의 참여-최대의 배움/ 행함으로 변화한다/ 의미 있는 행동/ 계속하여 나아감/ 생각해 봅시다

제4장/전달의 법칙 · 93
다리를 놓아줌/ 생각, 느낌, 행동/ 언어에 의한 방법/ 전달 방법을 개선하라/ 산만함/ 피드백(Feedback)/ 생각해 봅시다

제5장/마음의 법칙 · 115
인격-긍휼-내용/ 교수-학습 과정/ 배움이 시작되는 곳/ 염두에 둘 사항/ 영향력 있는 인물이 되라/ 생각해 봅시다

제6장/격려의 법칙 · 135
동기 부여 지수(MQ)/ 필요에 대한 인식/ 효과적인 훈련/ 개인적인 접촉/ 창조적인 동기 유발/ 발휘되어야 할 능력/ 생각해 봅시다

제7장/준비의 법칙 · 159
바람직한 숙제/ 침묵과 싸우기/ 대답하기 어려운 질문 처리법/ 토의를 독점하는 자들을 통제하기/ 올바른 노트 필기/ 생각해 봅시다

투자하기 · 179

삶을 변화시키는
교사입니까

•

TEACHING TO CHANGE
LIVES

교회나 가정, 성경 공부 모임이나 학교에서
하나님의 말씀을
모든 사람들에게 전하는 열정을 키우라

"너희의 믿음의 역사와
사랑의 수고와
우리 주 예수 그리스도에 대한 소망의 인내를
우리 하나님 아버지 앞에서 쉬지 않고 기억함이니"
(살전 1:3)

제1장
교사의 법칙

- 교사를 구함
- 변화시킴
- 성장:보다 원대한 청사진
- 당신의 지적 차원
- 육체의 중요성
- 사회적인 면
- 나는 어떻게 하고 있는가
- 빈 주춧대
- 생각해 봅시다

교사는 자기가 무엇을 가르칠 것인지를 알아야만 합니다.
불완전한 지식은 불완전한 가르침으로 나타날 수밖에 없습니다.

- 존 밀튼 그레고리 -

능력 있는 교사는 언제나 충만한 삶을 통해 가르칩니다. 교사의 법칙에 대하여 기술하면 다음과 같습니다. '오늘 성장하기를 멈춘다면, 내일 가르치기를 중단하게 될 것이다.'

인격이나 방법론은 이러한 원리에 대체될 수 없습니다. 모르는 상태에서는 아무 것도 가르칠 수가 없습니다. 소유하고 있지 않은 것을 나누어 줄 수는 없기 때문입니다. 만일 당신이 무엇을 가르쳐야 할지 알지 못한다면 당신은 어떤 것도 결코 가르칠 수 없을 것입니다.

이러한 법칙에는 교사로서의 나는 먼저 배우는 자, 즉 학생들 중의 한 사람이라는 철학이 내포되어 있습니다. 나는 배우는 과정을 끊임없이 지속하고 있고, 지금도 배우는 과정에 있습니다. 그리고 교사로서의 내가 다시금 학생이 됨으로써 근본적으로 새로운, 그리고 독특하고 개인적인 안목으로 배우게 될 것입니다.

우리는 성장하고 변화하는 일을 계속해야만 합니다. 물론 하나님의 말씀은 변치 않습니다. 그러나 그 말씀에 대한 우리의 이해가 변하는 것은 신앙이 성장하기 때문입니다. 이와 관련하여 베드로는 그의 둘째 서신 마지막 절에서 우리에게 다음과 같이 말합니다.

"오직 우리 주 곧 구주 예수 그리스도의 은혜와 저를 아는 지식에서 자라 가라"(벤후 3:18).

이러한 인생관은 당신 자신이 아직 완전에 도달하지 못한 상태라는 마음의 자세를 필요로 합니다. 가르침에 대한 이러한 원리를 적용하는 사람은 언제나 '내가 어떻게 하면 향상될 수 있을까?' 하고 자문합니다.

이렇게 한번 생각해 보십시오. '내가 사는 한 언제나 배우고, 내가 배우는 한 항상 살아 있다.'

나는 대학 시절 구내 식당에서 일하였는데, 매일 아침 5시 30분에 식당으로 일하러 가는 길에 한 교수님의 집 앞을 지나다니곤 하였습니다. 새벽마다 나는 그 집의 창문을 통하여 교수님의 책상 위에 불이 켜져 있음을 볼 수 있었습니다.

그리고 저녁 시간을 이용하여 공부하기 위해 밤 늦게까지 도서관에 있다가 10시 30분이나 11시쯤에 집으로 돌아올 때도 나는 그 교수님의 책상에 불이 켜져 있음을 보았습니다. 그는 언제나 공부하고 있었습니다.

어느 날 우연한 계기로 그 교수님이 나를 점심 식사에 초대하였는데, 식사 후 나는 "교수님께 한 가지 질문을 드려도 되겠습니까?"라고 물었습니다.

"물론 해도 되지."

"교수님은 왜 그렇게 공부를 열심히 하십니까? 교수님은 공부를 끊임없이 하는 것 같아요."

그러자 그는 다음과 같은 격언을 인용해서 답변해 주셨습니다.

"나는 학생들에게 괴어 있는 연못물보다는 차라리 흐르는 시냇물을 마시게 하겠네."

그는 내가 일찍이 만났던 훌륭한 교수님들 중의 한 분으로, 나에게 늘 강한 인상으로 남아 있는 사람입니다.

당신이 가르치고 있는 학생들은 어떠합니까? 그들은 무엇을 마시고 있습니까? 그들은 연못에서 마시고 있습니까, 아니면 흐르는 시냇가에서 마시고 있습니까?

누가복음 6:40 후반절에는 "무릇 온전케 된 자는 그 선생과 같으리라"고 기록되어 있습니다. 사람들은 나에게, "예수께서 그렇게 말씀하셨다는 것을 믿을 수 없다"고 말합니다. 그들은 수년간 복음서를 읽어 왔으면서도 이 말씀을 결코 주의해서 보지 못했었습니다. 그러나 이제 이 말씀은 그들에게, 하나님의 은혜로 그들 자신의 삶을 변화시키되 철저히 변화시켜 주시기를 구하도록 만들어 줍니다. 당신은 어떠합니까?

누가복음 6:40에 나오는 그 원리가 여러분에게 흥분할 만한 가능성을 제시합니까, 아니면 두려워할 만한 조건을 내세웁니까? 그 말씀이 어떻게 느껴지든 간에 당신이 다른 사람들을 섬기며 돌보아 주기 원한다면 무엇보다도 먼저 하나님께 당신을 도와 주시기를 간구하십시오. 하나님은 당신을 통하여 역사하기를 원하십니다. 그러나 그분이 당신 안에서 역사하실 때까지는 당신 스스로 아무 것도 할 수 없습니다. 하나님은 우리를 자신의 도구로 사용하시기 위해 그 도구가 자기의 손에서 더욱 효과적인 도구가 되도록 예리하고 정결하게 만들기를 원하십니다.

인간의 인격은 효과적인 가르침의 수단이기 때문에 이 모든 사실은 진리입니다. 그러나 나에게 그러한 이유를 설명하도록 요구하지는 마십시오. 나는 그러한 사실을 경험할 수 있음에 대하여 다만 하나님께 감사할 뿐입니다. 나는 하나님이 이러한 일을 수행하기 위해 당신이나 나보다도 훨씬 더 효과적인 도구들을 사용하실 수도 있었습니다. 그럼에도 불구하고 그분은 우리를 택하여 일하기를 원하셨던 것입니다. 이러한 사실은 오직 믿음으로만 받아들일 수 있습니다. 하나님의 신비로운 사역 중 하나는 우리를 이 세대에서 자신의 대언자들이 되도록 선택하셨다는 사실입니다. 하나님은 변화를 일으키기를 원하시며, 그렇게 하심으로써 당신은 그분의 중요한 도구가 될 것입니다. 이러한 사실을 당신은 어떻게 받아들이겠습니까?

이 책을 읽는 분명한 이유가 좀더 효과적인 가르침, 즉 삶을 변화시키는 교사가 되기 위한 것이라면, 먼저 교사인 당신 스스로가 당신 자신을 가르치고 그 다음에 다른 사람을 가르쳐야 할 것입니다. 나는 당신이 그렇게 할 수 있도록 돕고자 합니다.

교사를 구함

몇 년 전에 만화 영화를 보았는데, 브라운이라는 사람이 등장하여 사무실에서 젊은 여성과 이야기를 하고 있는 두 장면이 있었습니다.

첫 장면에서, 그는 공립학교 교장으로 등장하여 "스미스양! 매우 미안합니다만, 우리는 당신의 교직 지원서를 검토해 본 결과 채용할 수 없다는 결정을 내렸습니다. 우리는 적어도 교직에서 5년이상 경력이 있고, 가능하면 교육학 석사 학위가 있는 분을 채용해야만 하기 때문입니다."라는 대사를 하였습니다.

두 번째 장면에서 브라운씨는 주일학교 부장으로 등장하여 다음과 같이 말했습니다. "스미스양, 당신은 훌륭한 교사가 될 것입니다. 나는 당신이 그리스도인이 된 지 얼마 되지 않았다는 것을 알고 있어요. 그리고 당신이 성경에 대하여도 많이 알지 못한다고 느끼고 있겠지만, 성경을 배우기 위해서는 가르치는 것보다 더 좋은 방법은 없습니다. 그리고 당신은 자신이 이 나이 또래의 아이를 가르쳐 본 경험이 전혀 없다고 말하고 있지만, 나는 당신이 이 일을 하면서 점차 그들을 이해하고 사랑하게 되리라고 확신합니다. 스미스양, 진정 우리가 찾고 있는 교사는 열심 있고 자발적인 사람이랍니다."

이것은 하나님의 말씀을 가르치는 일을 우리가 얼마나 소홀하게 생각하고 있는지를 표현한, 참으로 슬프고도 진솔한 풍자입니다. 아이들에게 2+2=4라는 것을 가르치는 데에도 최소한 4년간의 교육을 필요로 합니다. 그런데 예수 그리스도에 대한 심오하고 헤아릴 수 없는 진리의 풍요로운 부분을 가르치는 일에는 어느 사람이라도 좋다니, 바로 이것이 그러한 가르침을 하찮은 일로 전락시켜 버리는 요인입니다.

훌륭한 교사들을 찾을 때마다 나는 언제나 FAT한 사람들, 즉 신실하고(Faithful), 쓸모 있고(Available), 가르침을 받을 수 있는(Teachable) 사람들을 찾습니다.

자신의 지식으로 아는 것은 결정적인 요소가 되지 못합니다. 오히려 결정적인 요소는 이런 것입니다. 그들은 하는 일에 대해 충실한가? 그들은 가르치는 데 거부감 없이 유용한가? 그들은 자발적으로 가르치는 일을 배우려고 하는가?

대부분의 주일학교에서, 교사들을 주일학교 교육에 점진적으로 참여하게 하므로써 헌신적인 교사를 숫자적으로 많이 확보할 수 있게 합니다. 일단 참여하게 되면 그 일에 몰두하기 시작합니다. 예를 들어, 그들이 고등 학생들을 위한 프로그램을 살펴보게 되면, 그들은 십대들 주위를 배회하면서, 첫째 그러한 청소년들을 가르치는 일과 어떤 일이든 그들 속에서 사역할 수 있다는 것과, 둘째 그것은 매우 가슴 뿌듯한 투자라는 생각을 하게 됩니다.

대개의 청년들은 어떤 확신이 없기 때문에 주일학교 직분을 맡는 데 처음에는 두려워합니다. 그렇지만 우리의 임무는 그들을 주일학교 교사로 양성하는 것이며, 적은 시간과 수고로도 그것은 이루어질 수 있습니다.

만일 내가 주일학교 교사를 선발하는 데 책임이 있다면, 나는 당장에 다음과 같은 것들은 없애버릴 것입니다.

첫째, 공공연한 모든 광고입니다. "사랑하는 성도님들! 우리 주일학교에서 교사로 봉사해 주지 않으시겠습니까? 우리는 몇 주 동안 교사를 구하려고 애써왔지만 아무도 봉사하려 하지 않아요."

둘째, 끈질긴 강요입니다. "마음을 바꾸시고 우리와 함께 가르치는 것이 어때요? 전혀 많은 시간을 요하지 않아요. 연 4회의 성경공부 교사 지침서도 있습니다. 당신도 읽으실 수 있어요. 그것을 읽기만 한다면 당신도 가르칠 수 있어요. 그러니 한번 시도해 보시지요. 어떻습니까? 괜찮겠지요?"

셋째, 막바지에 강제로 행하는 임명입니다. 교사를 구하지 못해 당황한 주일학교 부장이 새 학기가 시작되는 주일 아침에 장년부 모임에 갑자기 나타나서 맨 끝줄에 앉아 있는 사람을 붙잡고는 그에게 중고등부를 가르치도록 명령을 합니다.

변화시킴

본 페이지의 여백 어딘가에다 다음과 같은 질문에 대한 답을 적어 보십시오. '당신은 최근에 어떻게 변화되어 있습니까? 지난 주에는 어떻게 변화되었습니까? 지난달에는? 지난해에는 어떻게 변화되었습니까?'

당신은 구체적으로 답변할 수 있습니까, 아니면 그저 막연합니까?

당신은 자신이 성장하고 있다고 말합니다. 좋습니다. 그렇다면 어떻게 성장하고 있습니까? 당신은 "모든 방면에서 잘 성장하고 있다"고 말할 것입니다. 또 그것은 실제로 정답일 수 있습니다. 그렇다면 그 중 한 가지를 지적해 보십시오.

당신도 알다시피, 효과적인 가르침은 오직 변화된 인격을 통해서만 가능합니다. 당신이 변화될수록 다른 사람들의 삶을 더욱 변화시키는 도구로 사용될 것입니다. 따라서 당신이 다른 사람들을 변화시키기 원한다면, 먼저 당신 자신이 변화되어야만 합니다.

당신의 삶을 한번 생각해 보십시오. 만일 당신의 삶, 즉 당신의 미개척 분야, 문제들, 관심사들, 정신력 등에 대한 화살표가 다음과 같이 움직인다면 당신은 죽어가는 과정에 있는 것입니다.

그러나 만일 당신의 삶에 있어 화살표가 다음과 같은 방향으로 움직이고 있다면 당신은 발전하고 있는 것입니다.

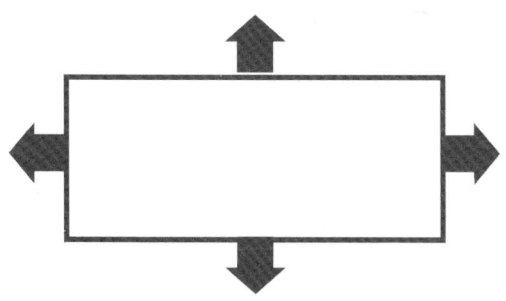

이것은 당신의 나이와는 아무 관계가 없으며 당신의 태도와만 관계됩니다.

나는 "저, 헨드릭스 형제. 나는 이미 너무 늙었네."라고 말하는 사람들과 만나는 데 진력나 있습니다. 그러면 나는 다음과 같이 묻습니다.

"얼마나 늙어야 너무 늙은 것인가요? 당신은 죽어 있습니까?"

"아, 아뇨, 아닙니다. 나는 아직 살아 있어요."

"좋습니다. 그렇다면 배우세요. 그렇지 않으면 당신은 정신적으로 서서히 죽어갈거예요. 그러다가 결국 죽을 것이며, 우리는 당신을 관 속에 넣을 것입니다."

나이가 든 사람들도 역시 탁월한 학습자가 될 수 있는데도 그들은 배우는 것에 어떤 조건을 내세웁니다. 그들의 이러한 생각은 늙은 개에게는 새로운 묘기를 가르칠 수는 없다는 생각에서 비롯된 것입니다. 만일 당신이 개에게 묘기를 가르치고 있다면 그말이 옳을 것입니다. 그러나 우리는 개를 교육시키거나 묘기를 가르치는 일을 하고 있는 것이 아니라, 사람들을 가르치며 진리를 가르치고 있는 것입니다.

당신이 만나는 대단히 활동적이고 성취욕이 강한 사람들 중에는 나이가 많음에도 계속해서 배우기로 결심한 노인들도 있습니다. 당신은 그분들에게 큰 도전을 받을 것입니다. 또한 만족을 얻을 것입니다. 나는 65세, 75세, 85세, 아니 그 이상으로 나이가 많은 사람들을 알고 있는데, 그들은 모두 배움에 대해 열정적이며 의욕이 넘쳐 있습니다. 그런 반면 배움에 대한 열정이 식어버린 이십대의 학생들도 많이 있습니다.

나는 얼마 전에 신학교 강의 시간에 한 분을 모셨었는데, 그는 구원을 받고 84년 동안 그리스도를 섬겨 오고 있는 93세의 노인이었습니다. 그는 학생들에게 다음과 같이 말하였습니다.

"나에게 있어서 유감스러운 일이 한 가지 있다면 그것은 그리스도를 섬기는 데 바칠 생명이 오직 하나밖에 없다는 것이라네."

이때 모든 학생이 그에게 6분 동안 열렬한 기립 박수를 보냈습니다.

얼마 전 나는 가장 좋은 친구였던 86세 된 한 분을 잃었습니다. 그녀는 내가 지금까지 만난 사람들 중에 가장 활력있는 평신도 교사였습니다.

내가 그녀를 마지막으로 본 것은 어느 순수한 그리스도인들의 모임에서였습니다. 우리는 그곳에서 동그렇게 앉아 얘기를 나누고 있었는데, 그때 그녀가 다가와 다음과 같이 말했습니다.

"저, 헨드릭스 선생님! 참 오랜만이군요. 선생님께서 지금까지 읽은 책들 중에서 가장 기억에 남는 다섯 권을 꼽으라면 어떠한 것들인가요?"

그녀는 공동체 모임의 활력을 불어넣는 방법을 알고 있었습니다. 그녀의 좌우명은 다음과 같은 것이었습니다.

"서로가 서로에 대하여 싫증나지 않게 합시다. 그러기 위해 함께 토론합시다. 그리고 만일 우리가 토론할 주제를 찾지 못한다면 그것을 정하기 위해 함께 논의해 봅시다."

그녀는 83세 때 마지막 성지 순례를 하였습니다. 그때 그녀는 내셔날리그(NFL) 소속 미식축구 선수들과 함께 그곳에 갔습니다. 그 당시 그녀에 대한 나의 기억 중 가장 생생한 것 하나는, 그녀가 앞장서 가면서 그들을 향해 "자, 어서들 오세요. 저것을 타고 갑시다!"라고 크게 외치던 모습입니다.

그녀는 달라스에 있는 딸의 집에서 잠자던 중에 세상을 떠났습니다. 그녀의 딸은 나에게, 그녀가 죽기 바로 전에도 다음 10년을 위한 계획표까지 작성해 두었었다고 말해 주었습니다. 그녀를 본받는 사람들이 많아지기를 바랍니다.

또 한 예로는 사도 바울을 들 수 있습니다. 생애 말렵, 그 나이의 대부분의 사람들이 편안함을 구하고 있던 때에 그는 다음과 같이 말하였습니다.

"형제들아 나는 아직 내가 잡은 줄로 여기지 아니하고 오직 한 일 즉 뒤에 있는 것은 잊어버리고 앞에 있는 것을 잡으려고 푯대를 향하여 그리스도 예수 안에서 하나님이 위에서 부르신 부름의 상을 위하여 좇아가노라"(빌 3:13-14).

이 구절을 주의 깊게 읽어 보면, 여러분은 바울이 과거에 대하여 올바른 자세를 취하고 있었음을 알 것입니다. 그는 자기의 성공에 골몰해 있지 않았으며, 또 그의 숱한 실패들로 인해 좌절하지도 않았습니다. 바울은 또한 미래에 대해서도 올바른 태도를 취하였습니다. 그의 목표와 소망은 미래에 있었습니다. 또한 그는 현재에 대하여도 역시 올바른 태도를 취하고 있었습니다. 위의 말씀이 그 증거입니다.

오늘날 교회에 얼마나 많은 사람들이 세상 사람들을 가르쳐야 할 나이에도 불구하고 집 안에만 앉아 있습니까?

물론 당신도 나처럼 나이가 들게 되면 배운 것을 기억하기가 더 어렵게 됩니다. 진과 나는 시편을 암기해 왔습니다. 종종 나는 그녀에게 "진, 나에게 시편 40편을 외워줄 수 있겠소?"라고 묻습니다. 그럴 때마다 그녀는 그것을 외웠고, 나는 "여보, 훌륭해. 그런데 당신은 7절을 빠뜨렸소."라고 지적해 줍니다. 그러면 그녀는 나에게 그 절을 외우게 하고, 그 다음에 내가 그 시편을 다 외우고 나면 그녀는 다음과 같이 칭찬합니다.

"정말 훌륭해요. 당신은 놀라운 발전을 하고 있어요. 하지만 당신은 16절까지 네 절이나 빠뜨렸어요."

성장 : 보다 원대한 청사진

나는 지금까지 회심자들 중 몇 사람과 함께 일하면서 흥미로운 사실을 하나 발견했습니다. 그것은 하나님의 말씀에서 무엇인가를 깨닫는 순간 그들은 그것을 실행해 보려고 곧바로 문을 박차고 나간다는 것입니다.

여러분도 아시겠지만, 그들은 우리같이 오래된 그리스도인들이 하는 모든 일을 배우기에 충분할 만큼 오랫동안 신앙 생활을 하지 못하였습니다. 우리는 진리의 이론에만 치우친 경우가 많습니다. 우리의 삶을 변화시키는 데는 무관하게 우리는 그러한 것을 다음과 같은 식으로 교묘히 변명하며 회피합니다.

"음, 그것은 유대인들에게나 관계되는 거야."

우리가 엄청나게 무거운 짐을 사랑하는 교우들에게 지워놓고 만다는 것은 실로 슬픈 일입니다.

변화와 발전에 대한 당신의 결심을 강화하기 위해서 나는 예수님도 정치적인 성장을 겪으셨음을 기억하라고 권하고 싶습니다. 누가복음 2:52은 그분의 생애에 관한 성장 과정을 다음과 같이 설명합니다.

"예수는…… 자라가며".

여기서는 성장을 네 가지 면에서 설명하고 있습니다.

첫째로, 그분은 '지혜에 있어' 자라가셨습니다. 이것은 지적인 성장입니다. 둘째로, 그분은 '신장에 있어' 자라가셨습니다. 이것은 육체의 성장입니다. 셋째로, 그분은 '하나님에 대한 사랑에 있어' 자라가셨습니다. 이것은 영적인 성장입니다. 그리고 넷째로, 그분은 '사람들에 대한 사랑에 있어' 자라가셨습니다. 이것은 사회적이며 정서적인 성장입니다.

이 가운데 영적인 성장이 보다 원대한 과정의 일부라는 것에 주목하십시오. 이것이 우리의 유일한 관심일 수는 없습니다. 영적인 성장은 다른 면의 성장과 분리되어서는 안되며, 삶의 모든 면과 조화를 이루어야만 합니다.

그런데 우리는 영적인 성장을 바로 이해하지 못하고 있습니다.

신학교 교수로서 나는 세계에서 가장 성실하고 활동력 있는 학생들, 즉 실행으로 정상에 오르는 젊은이들을 가르치고 있습니다. 그들은 유희를 위한 일은 하지 않습니다.

그러나 이상한 일은 그들 중 많은 학생이 삶의 다른 분야, 곧 지적, 육체적, 정서적, 감정적으로 성장하지 못하면 영적으로도 충분히 성장할 수 없다는 것을 깨닫지 못했다는 것입니다.

이 모든 면에 있어 어느 것 하나라도 경시한다면 당신은 완전한 성장을 기대하기 어려울 것입니다. 마찬가지로 다른 모든 면에 영향을 미치지 않고는 이 모든 것들 중 어느 면에서도 당신은 성장할 수 없습니다.

그러므로 예수 그리스도를 어떤 종교적인 인물로 제한시키지 말며, 종교를 '마귀를 멀리하는 주요 사건'이라 말하지도 마십시오. 당신은 자신의 생명이신 주님이 당신의 모든 면을 보다 점차적으로 지배하실 수 있게 해야 한다는 것을 반드시 기억하십시오. 바로 이것이 그리스도인의 삶을 정적인 것에서 동적인 것으로 만들어 주는 것입니다. 또한 이것이 당신을 무기력과 자포자기로부터 지켜주는 것입니다.

그러나 이것은 개별적인 과정이라는 것에 주목하십시오. 우리 모두는 환경이 각각 다를 뿐 아니라 그리스도인으로서의 삶에 있어서도 그 성장 단계가 각각 다릅니다. 그러므로 서로를 비교한다는 것은 바로 세상적인 것이 됩니다. 당신을 다른 사람과 비교하는 데 시간을 낭비하지 마십시오. 당신은 그들이 될 수 없습니다. 당신은 바로 당신일 뿐입니다.

그러므로 최초의 계획표로 되돌아가, 삶의 중요한 면들에 대하여 "주여, 저는 지금 어떻게 하고 있습니까?"라고 자문해 보십시오. 이 모든 성장의 요소들 중에서 어느 면에서는 당신이 두각을 나타낼 것입니다. 그러나 다른 면에서는 다소 부진한 결과를 나타낼 수도 있을 것입니다.

여러분은 자신의 가치 기준과 습관들 중에서 어떤 것은 계속 존속시켜야 할 필요성을 발견할 것입니다. 또 그 중 일부는 수정되어야 한다고 생각할 것입니다. 또 어떤 점은 완전히 제거해 버려야 할 것입니다. 지금 우리 모두는 그러한 과정 가운데 있다는 점에서 모두 같은 처지입니다.

그러한 과정 중에서 '나는 지금 올바른 일을 하고 있는가?'라고 자문해 보아야 합니다. 내가 졸업한 학생들에 대하여 갖는 가장 큰 우려 중 하나는 그들이 실패하리라는 것이 아니라, 잘못된 분야에서 성공하리라는 것입니다. 그들은 막다른 골목에 이르러서야 그때까지 힘써 왔던 모든 일들이 자신이 원했던 목표도 아닌데다가 그 일들이 자신을 충족시킬 수 없다는 것을 발견하게 될 것입니다.

나는 프로 선수들을 위한 봉사단에 참여하고 있는데, 그들 중 대부분이 뿌리치지 못하는 함정은 거액의 돈을 벌 수 있기 때문에 놀라운 영향력을 행사하게 된다는 것, 또 마음만 먹으면 여자들을 자기 주위로 몰려들게 할 수 있다는 것, 그렇지만 자기가 진정 어떠한 존재인가에 대하여는 깊이 성찰하지 않는다는 것 등입니다. 축구 게임 후의 다른 생활은 없습니까? 당신의 인생은 단지 멋진 트로피 수집과 스포츠 난의 기사 스크랩으로 가득 찬 서랍에 만족스러운 눈길을 보내는 것만으로 끝내겠습니까? 전성기가 지난 운동선수보다 더 신선미 없고 생기 없는 것은 아무 것도 없습니다.

당신의 지적 차원

여기서 나는 삶에 있어서 지적 차원의 성장을 위한 세 가지 제안을 하고자 합니다.

1. 지속적인 연구와 독서를 하십시오
지도자들은 독서하는 자들이며, 독서하는 자들이 지도자라는 것을 명심해야 합니다.
그러나 "헨드릭스 박사님, 박사님도 알다시피 저는 많은 책을 읽어 왔지만 솔직히 말해서 그것이 저의 삶을 변화시키거나 저의 인생에 많이 기여한다고는 생각하지 못하고 있습니다."라고 말하는 사람들도 많이 있습니다.
여기에 해결법이 있습니다. 만일 당신이 독서를 위해 한 시간을 투자한다면, 처음 30분은 읽는 데 주력하고, 나머지 30분은 읽은 것을 생각하는 데 사용하십시오. 그리고 읽는 것과 생각하는 것이 가져오는 차이를 주목해 보십시오. 만일 당신이 읽은 것에 대하여 조금밖에 생각하지 않았다면 그것은 너무 많이 읽은 것입니다.

그리고 독서하는 데만 몰두하지 말고 사람들과 좋은 관계를 맺어 보십시오. 앞으로 당신에게 커다란 영향을 미칠 두 가지 요소는, 당신이 읽는 책들과 당신이 관계하는 사람들일 것입니다.

사람들은 고무적입니다. 그래서 당신은 사람들과 밀접한 관계를 맺어감에 따라서 어떤 매력을 경험할 것이며, 관계를 맺는다는 것이 생각보다 쉽다는 것을 발견할 것입니다.

나의 부친께서 가르쳐 주셨던 가장 중요한 교훈 중 하나는 다음과 같습니다.

"네가 중요한 사람과 함께 있게 될 때 통찰력 있는 질문을 하는 것 외에는 입을 다물고 있으라. 만일 네가 너보다 더 많은 것을 알고 있는 자들과 함께 있게 된다면, 그들의 생각을 빌리고 그들이 알고 있는 것을 활용하라. 그들이 알고 있는 모든 것을 너에게 말하도록 하라."

나는 우리 모두가 솜처럼 개인적인 자질을 최대한으로 발휘하지 못하고 있음에 대하여 안타깝게 생각합니다. 어느 땐가 나는 고문으로 아메리카 전 대륙을 비행기로 여행하고 사례비를 받았는데, 그때 대부분의 시간을 서로 의논하는 데 보낸 것 외에는 별로 한 일이 없었습니다.

2. 계속적인 교육 과정에 참여하십시오

당신의 자질과 기량을 향상시킬 과정에 참여하십시오. 오늘날에는 당신의 지성을 풍요하게 하고 재능을 개발시킬 만한 좋은 기회들이 많이 있습니다.

그러나 가장 중요한 과정은, 당신 자신의 개인적인 성경 연구 프로그램입니다. 나는 영적인 사역을 훌륭히 감당하고 있는 평신도 가운데 하나님의 말씀에 전적으로 의지하지 않는 사람은 지금껏 한 사람도 본 적이 없습니다.

하나님의 말씀 '아래' 있는 우리들 중 대부분이 그 말씀을 받아들이고 실천하며 생활하지만, 우리 자신을 위해 그 말씀 안에 있지는 않습니다. 언젠가 한 여성도가 나에게 "헨드릭스 박사님, 저는 성경을 29번이나 통독했어요."라고 말했습니다. 그 말을 듣고 나는 "부인, 정말 놀랍군요. 그런데 성경 말씀을 몇 번이나 부인의 마음 속에 받아들였는지요?"라고 되물었습니다.

하나님의 말씀이 가르치는 사역자의 마음에 살아 있기만 하면 그 누구도 그 말씀이 발휘할 수 있는 능력을 감히 상상할 수 없습니다. 바울은 디모데후서 2:2에서 우리에게 이에 대한 참신한 통찰력을 제공해 줍니다. 그는 디모데에게 다음과 같이 말하고 있습니다.

"또 네가 많은 증인 앞에서 내게 들은 바를 충성된 사람들에게 부탁하라 저희가 또 다른 사람들을 가르칠 수 있으리라".

이것은 증거의 사역입니다. 즉, 당신이 가르치는 모든 시간은 대대로 영원히 끝나지 않을 과정을 시작하는 것입니다.

3. 학생들을 파악하십시오

그들의 필요와 전반적인 특징에 관하여 권위자가 되십시오. 그리고 그 이상으로 나아가십시오. 당신의 학생들을 개별적으로 대하십시오. 그들에 대하여 당신이 할 수 있는 한 많은 것을 찾아내십시오.

수년 전 우리는 달라스에 있는 교회에서 중등부 교사를 구하는데 어려움을 겪고 있었습니다. 명단에서 우리가 기대를 걸 수 있는 사람은 단 한 명뿐이었는데, 그가 어떤 사람인가를 듣고서 나는, "지금 농담하고 있습니까?"라고 말하였습니다. 그러나 나는 그 청년에 대해서 너무나 잘못 판단하고 있었습니다. 그 청년이 중등부를 맡은 후 대변혁을 일으켰던 것입니다.

나는 너무나 감명을 받았기에, 어느 날 점심을 함께하도록 그를 집으로 초대하여 성공의 비결을 물었습니다. 그러자 그는 검은 표지로 된 작은 수첩 하나를 꺼내 보였습니다. 그 수첩에는 학생들의 사진이 페이지마다 하나씩 붙어 있었고, 이름들 밑에는 다음과 같은 메모가 적혀 있었습니다. "산수에서 고전하고 있음" 혹은 "부모님의 반대에도 불구하고 교회에 나옴" 혹은 "장래 선교사가 되길 바라지만 선교사가 된다는 것이 어떠한 어려움을 담고 있는가에 대해서는 생각지 않음."

그는 다음과 같이 덧붙였습니다.

"저는 여기에 기록한 대로 매일 기도합니다. 그리고 하나님이 그들의 삶 속에서 무엇을 역사하셨는지 궁금해서 주일이 올 때까지 기다릴 수가 없답니다."

나는 당신의 학생들 - 그들이 어린아이든 노인이든 간에 - 에 대하여 이와 같이 기도하도록 권면합니다. 그리고 많은 실제적 경험을 통하여 얻은 원리를 알려 주고 싶습니다. 우리가 사람들과 함께 일하면서 언제나 다른 사람에게 꼬리표를 붙인다는 것은 모욕적인 행위라는 것을 기억하십시오. 예를 들면, 우리는 자주 학생들에게 다음과 같은 따위의 꼬리표들을 붙입니다.

"그 애는 전혀 말이 없어."

"그 애는 문제아야."

다른 사람에게 이런 식의 꼬리표를 절대 붙이지 마십시오.

나는 국민학교 5학년 때 시몬이란 여선생님에게 배웠는데, 그 선생님을 결코 잊지 못합니다. 그 선생님도 아마 나를 잊지 못할 것이라 생각합니다. 내가 5학년에 올라간 첫 날에 그녀에게 나의 이름을 말하자, 그 선생님은 다음과 같이 말하였습니다.

"하워드 헨드릭스. 난 너에 대해서 많은 얘기를 들었어. 네가 이 학교에서 가장 불량한 아이라는 것도 알고 있어." 그 말은 내게 엄청난 도전이 되었습니다. 만일 정말로 내가 이 학교에서 가장 불량한 아이라고 그 선생님이 생각한다면, 나는 결코 2위로 떨어지지 않으리라 결심했습니다. 그리고 나는 정말로 그 선생님이 말한대로 제일 골치 아픈 불량아가 되었습니다.

나는 종종 주일학교 교사들에게 "당신은 당신의 반에서 어떤 아이를 가장 좋아합니까?"라고 묻습니다. 그러면 그들은 다음과 같이 말합니다.

"긴 곱슬머리의 몹시 귀여운 소녀가 하나 있어요. 그 아이는 성격이 비뚤어지지 않아서 결코 어떠한 문제도 일으키지 않아요."

물론 그 학생은 어른이 될 때까지 계속 비뚤어지지 않고 있을지도 모릅니다. 그러나 오늘 온갖 말썽을 일으키는 아이가 내일은 목사나 선교사가 될 수도 있습니다. 문제를 일으킬만큼 창의력이 풍부한 아이들이 후에는 예수 그리스도를 위해 매우 의미 있는 삶을 살아갈 충분한 추진력을 소유하고 있는지도 모릅니다. 매우 쾌활하고 감수성이 강하며 호기심에 꼬치꼬치 캐묻는 아이들이 종종 주일학교에 오면, 우리는 그러한 아이들을 어떻게 대합니까? 우리는 그 아이들의 그런 점들을 다 뜯어 고치려고 합니다. 그리고 다음과 같은 식으로 그 능력을 일소해 버리고 맙니다.

"야, 집어치워! 넌 여기가 주일학교라는 걸 모르냐?"

육체의 중요성

당신의 삶 가운데 그리스도를 따르도록 올바르게 다스리지 못하는 육체적인 면에는 어떤 것이 있습니까?

육체적인 면은 복음주의적인 그리스도인들이 쉽게 경시하는 부분입니다. 그 이유는 우리의 인간성을 부인하는 경향이 있기 때문입니다. 우리는 영혼에 대한 소망과 육체에 대한 소망이 있음에도 육체를 소홀히 할 때가 많습니다. 성경에서는 우리가 육체를 경시하는 것이 잘못된 일임을 누누이 강조하였습니다(만일 그리스도인으로서의 당신의 삶에 있어 가장 긴요한 면들을 알기 원한다면, 시간을 내어 성경에서 당신이 평상시 흘려버렸던 구절들을 찾아보십시오).

우리는 성령 충만에 대하여 많은 얘기를 합니다. 그러므로 우리가 삶의 어떠한 면에 그러한 개념을 적용하고, 또 어떠한 면에는 그것을 적용하지 않는 경향이 있는지를 알아보는 것은 매우 흥미있는 일입니다.

일신상의 문제를 살펴봅시다. 당신은 돈을 잘 관리하고 있습니까? 대개의 그리스도인 재정 담당자들은 당신에게 직접적으로, 우리는 이러한 면에서 잘해 보려고 노력하고 있다고 말할 것입니다. 당신은 모든 미국인 중 80%가 그들의 실제 재산보다 더 많은 부채를 안고 있다는 사실을 알고 있습니까? 이렇게 엄청난 돈이 우리의 손을 거쳐 빠져나갑니다. 미국 그리스도인들은 그들이 그리스도의 심판대 앞에 서게 될 때에 회계할 것이 많을 것입니다. 왜냐하면 많이 받은 자들에게는 많은 것을 요구하실 것이기 때문이다.

우리 부부는 보스톤 귀족가문 출신의 한 부자와 함께 식사를 한 일이 있는데, 그때 나는 그에게 이렇게 물었습니다.

"당신은 그렇게 부유한 가운데서 자라났으면서도 도대체 어떻게 물질만능주의에 빠져들지 않게 되었습니까?"

그러자 그는 "우리 부모님은 집에 있는 모든 것은 우상이 아니면 도구라고 가르쳐 주셨습니다"라고 대답했습니다.

 당신은 자신이 소유하고 있는 재산을 어떻게 봅니까?

 당신은 시간을 어떻게 사용하고 있습니까? 시간 조절을 잘하고 있습니까? 만일 당신이 가진 우선순위를 조절하지 못하고 있다면 다른 사람, 곧 당신의 주위 사람 누군가가 그것을 통제할 것입니다. 나는 가는 곳마다 나의 삶을 위해 놀라운 계획을 갖고 있는 사람들을 만나보게 되는데, 그들은 "그것은 내 계획이지만 동시에 하나님의 계획이기도 합니다"라고 말합니다.

 당신의 성생활은 잘 통제되고 있습니까? 많은 사람들이 예수 그리스도로 하여금 자신들의 성생활을 결코 관여하지 못하게 합니다. 그리고 그들은 결혼 생활에서 무엇인가 잘못된 것을 느끼게 되면 모든 시간을 새로운 방법이나 수단을 찾는 데 보냅니다. 그들은 예수 그리스도께서 자신들을 구원하셔서 세상에서 가장 친밀한 관계인 배우자의 삶 속에 자유롭게 합류하도록 하신 사실을 인정하지 않습니다.

 그리스도인이 된다는 것은 당신의 사고 방식과 어떻게 관계 됩니까?

 나는 신학교에서나 또는 여행할 때, 자신들의 머리를 쓰레기로 가득 채운 젊은이들을 간혹 발견하는데, 그들은 나에게 "왜 나는 거룩하지 못합니까?"라고 묻습니다. 나는 얼마 전에, 플레이보이와 펜트하우스 잡지를 계속해서 구독한 한 청년에게 이런 질문을 한 적이 있습니다.

 "정말 그것이 자네를 하나님의 사람으로 만들고 있다고 생각하는가?"

당신의 식습관은 어떻습니까? 만일 내가 여러분의 교회에서 집회를 갖기로 하고 술에 취해서 간다면, 여러분은 즉시 나를 돌려보낼 것입니다. 그러나 비록 내가 중량이 정상인보다 20킬로그램이나 초과하여 당신의 교회에 간다 하더라도 여러분은 나에게 더 많이 먹으라고 권할 것입니다. 그렇다면 결국 음식 없이는 그리스도인을 모을 수 없는 것이 됩니다. 당신은 초대 교회가 커피와 도우넛 없이도 어떻게 그리스도인을 많이 불러 모았는지 의아하게 여겨본 일이 있습니까? 초대 교인들은 음식보다 그리스도인으로 하여금 서로 모이게 해주는 박해라는 요소를 갖고 있었습니다. 그것이 그들을 더욱 단단히 결합시킨 것입니다.

  운동에 대하여는 어떻게 생각합니까? 에어로빅 건강 개념을 대중화시킨 케네스 쿠퍼(Kenneth Cooper) 박사는 우리 신학교에서 3, 4백명 가량의 학생들에게 그들 각자가 규칙적이고 조직적인 운동을 하면 5년~15년까지 사역할 수 있는 기간이 더 연장될 수 있다고 말해 주었습니다.

  당신 역시 휴식을 필요로 하며, 그것은 단지 수면을 위해서만 사용되는 것이 아니라 성장의 기회가 되어야 합니다. 나는 아래와 같은 물음을 접하게 되었는데, 아주 단순하기는 하지만 이것으로 인하여 나의 삶은 균형을 찾게 되었습니다.

내가 사람들과 함께 보내는 시간은 어느 정도인가?	내가 홀로 보내는 시간은 어느 정도인가?
내가 일하는 데 보내는 시간은 어느 정도인가?	내가 노는 데 사용하는 시간은 어느 정도인가?

우리들 가운데 대부분이 적어도 한 가지 면에 치우쳐 너무나 많은 시간을 보내는 경향이 있을 것입니다.

나는 한때, 1주간의 목회자를 위한 집회에 참여하기 위해서 나의 옛 제자 중 한 사람을 방문하였던 적이 있습니다. 그의 집에 도착하자 그의 아내가 나를 안내하면서 말하였습니다.

"박사님이 남편에게 뭐라고 좀 말씀해 주세요. 남편은 온 가족에게 똑같이 하루 5시간만 자도록 강요하더니, 이제는 심지어 4시간만 자라고 합니다. 솔직히 말해서, 우리는 그와 더 이상 함께 살 수가 없어요. 그는 아이들을 강압적으로 몰아붙이고 있어요."

그 주말에 나는 그와 함께 여행을 하였는데, 그가 운전하는 동안 이렇게 물어보았습니다.

"여보게, 자넨 어떻게 담배를 피우지 않게 되었는가?"

거의 고속도로를 벗어났을 때 그가 대답했습니다.

"교수님, 저는 담배를 피우지 않습니다."

"그렇군, 나도 자네가 일주일 내내 한 번도 담배에 불을 붙이는 것을 보지 못하였네."

그러자 그는 마치 내 얼굴에 벌레가 붙어 있기라도 한 것처럼 이상하다는 표정을 짓고 있었습니다.

"그런데 자넨, 왜 담배를 피우지 않는가?"

"교수님, 제 몸은 성령의 전입니다."

"그래, 맞았어. 훌륭한 생각일세."

그러면서 나는 덧붙여 말했습니다.

"그럼 그것이 자네가 가족들에게 하루에 다섯 시간씩만 자게하고 그것도 모자라 이제는 네 시간으로 단축시키려 하는 이유인가?"

나의 이 말은 나무 토막으로 머리를 내려치는 것보다도 훨씬 더 도전적이었을 것입니다.

사회적인 면

당신의 삶에 있어 사회적인 면은 어떠합니까? 당신은 어떠한 사람들을 친구로 삼고 있습니까?

당신은 침례교인들과만 친교를 갖습니까?(그들은 하나님의 택한 자들이며, 다른 사람들은 하나님의 냉대를 받는 자들입니다.)

친구 중에 구원을 받지 못한 자들이 있습니까?

효과적인 복음 전도에 관한 연구를 해 본 결과, 그리스도께로 오는 사람은 대부분 단지 2년 동안만 정상적으로 생활한다는 사실을 보여 줍니다. 그후부터는 그가 전도해야 할 그의 모든 친구와의 관계를 끊어버립니다. 혹은 친구들이 먼저 그를 저버립니다. 보통은 전자(먼저 믿은 자)가 후자들을 멀리합니다.

당신은 믿지 않는 자들을 알고 있습니까? 이에 대해 "저는 목사인데요"라고 말할지도 모릅니다. 하지만 목사라고 해서 당신이 그리스도인의 임무를 면제받는 것은 아닙니다. 당신에게 주어진 직분 이상의 다른 무엇이 되려고 노력해 보십시오. 당신의 직분을 내세우지 마십시오. 보통 사람이 되려고 해보십시오.

당신의 경험이 나의 경험과 같은지 어떤지는 모르겠지만, 아내 진과 나는 건설적으로 동참하기 가장 어려운 것 중 하나가 그리스도인들의 모임이라는 것을 알게 되었습니다. 우리의 모임 중 어떤 것들은 너무 실속 없는 것이어서 오히려 서로의 지성을 모독하는 결과가 되어 버리기도 합니다. 그러므로 나는 우호와 친목의 모임을 갖기 위해 좀더 창조적인 생각을 하고, 하나님이 그러한 모임을 통하여 무엇을 이루시는가를 지켜 보도록 권면하는 바입니다.

나이가 다른 사람들과의 관계는 어떻습니까? 당신은 어린아이들을 알고 있습니까? 내가 말하고자 하는 것은 당신이 아이들을 진정으로 아느냐 하는 것입니다. 그 아이들이 당신을 아저씨 혹은 다른 누구라 부르며, 당신을 가장 훌륭한 사람으로 생각하느냐는 것입니다.

당신은 십대들을 알고 있습니까? 우리들 중 대부분은 십대들을 몹시 부담스러워합니다. 우리 아이들 넷이 다 십대였을 때는 손님들을 초대하기 전에 다음과 같이 일러 주곤 하였습니다. "저, 우리 집에 오면 십대들 네 명이 당신들의 행동거지를 지켜 보게 된다는 것을 미리 알고 있을 필요가 있습니다. 그것이 부담스럽다면, 지금이라도 단념해도 괜찮습니다."

"아뇨, 아뇨, 상관 없습니다. 그들이 물어 뜯기라도 하겠습니까?"

"모르겠습니다. 와 보면 아실겁니다."

친구들의 범위를 넓히십시오. 이러한 주제를 다루면서 나는 어떤 사람이 진정으로 친한 친구인가 하는 조건을 제시해 보겠습니다. 진정한 친구란, 당신에 대한 모든 것을 알면서도 당신을 전적으로 받아들이고 거부하지 않으며, 당신의 편협적인 말까지도 귀를 기울일 뿐 아니라, 당신이 주의해서 듣도록 당신을 비판해 줄줄 아는 사람입니다.

내가 진을 나의 가장 좋은 친구가 되게 하기까지는 10년이란 세월이 걸렸습니다. 왜냐하면, 나는 그녀에게 내가 진정으로 어떠한 사람이며, 나의 숨겨진 두려움과 염려가 무엇인지를 알게 하는 것을 몹시 겁냈었기 때문입니다. 나는 만일 이 사실을 그녀가 알게 된다면 내게서 떠날 것이라고 생각하였습니다.

그러던 어느 날 마침내 나는 나의 본모습을 그녀에게 보여 주게 되었습니다. 그런데 놀랍게도 그녀는 나의 본모습을 이미 알고 있었다고 했습니다. 그녀는 나를 온전히 받아들였고, 그것이 나를 자유롭게 하였습니다.

나는 어떻게 하고 있는가?

끝으로, 시험을 받지 않은 삶은 살 가치가 없다는 것을 기억하십시오.

우리는 집에 아이들의 키를 표시하기 위한 성장 도표를 갖고 있습니다. 아이가 있는 집이라면 모두 다 있을 것입니다. 우리 집에는 그것이 서재의 문 뒷면에 있었는데, 그 집을 팔았을 때도 그 문을 떼어서 새 집으로 가지고 가 다시 그곳에 달아 놓았습니다.

둘째 딸 베브(Bev)는 키가 매우 작아서 성장에 대하여 몹시 관심을 갖고 있는데, 한번은 내가 순례 여행으로 2주간 집을 비우는 동안 열심히 자라겠다고 약속하였습니다. 그런데 정말로 내가 귀국하여 돌아왔을 때 그 아이는 "아빠, 빨리 와봐요! 내가 얼마나 많이 자랐는지 보세요!"하며 나를 맞았습니다. 그래서 서재 문으로 가서 그애의 키를 재어 보았습니다. 불과 몇 미리미터도 안되는 차이였지만 그 애는 깡충깡충 뛰며 말했습니다. "아빠, 내가 크겠다고 약속했잖아요!"

그때 우리가 그 동안 밀린 얘기를 나누기 위해서 거실로 들어가자 그 아이는 그 나이로서는 생각지도 못할 질문을 해왔습니다.

"아빠, 어른들은 왜 더 성장하지 않지요?"

지금은 그때 내가 아이에게 무엇이라 대답했던가를 다 기억하지 못합니다. 그러나 확실한 것은 그러한 질문은 너무나 피상적인 것이었다는 것입니다.

"음, 베브야. 너는 어른들이 키가 크는 것은 중단하지만 그러나 성숙하는 것은 중단하지 않는다는 것을 이해할 필요가 있어."

그러나 그 아이가 나간지 한참 후에 하나님은 그 아이의 말을 생각나게 하였습니다. '어른들은 왜 성장하기를 중단할까? 그것이 나에게는 어떤 의미가 있을까? 신학교 교수들은 왜 성장하기를 중단할까? 그외 다른 사람들도 성장하기를 중단하는 이유가 무엇일까?'

이것은 모든 교사들이 가지고 있는 위험 요소이기도 합니다. 나는 사람들이, "헨드릭스 형제, 나는 이 분야에서 23년간 가르쳐 왔네."라고 말하는 것을 들어 왔습니다. 그렇다면 그것은 무엇을 말합니까? 그것은 전부가 하나님의 은혜입니다. 여러분은 0을 가지고 그것을 아무리 곱하여 증가시켜도 여전히 제로 상태에 있다는 것을 오래 전에 배웠을 것입니다.

결국 경험이 여러분을 반드시 훌륭하게 성장시켜 주지는 않습니다. 사실 경험은, 경험 자체의 가치가 평가검토 되어진 것이 아니라면 오히려 여러분을 더 나쁘게 하는 경향이 있을 수 있습니다.

훌륭한 교사가 되는 데 가장 큰 위험 요소는 현재에 만족해 하는 것이며, 계속하여 "나는 어떻게 하면 향상될 수 있는가?"라고 자문하지 않는 것입니다. 당신의 사역에 있어서 가장 큰 적은 바로 그 사역 자체입니다.

그러므로 의미 없는 것들 때문에 너무 분주하지 마십시오. 그리고 늘 "주님, 주님이 원하시는 것에 비추어 볼 때, 저는 지금 어떻게 하고 있습니까?"라고 자문하십시오.

다음과 같은 세 가지 질문에 의해 당신을 성찰해 보십시오. 첫째, 나의 장점은 무엇인가? 둘째, 나의 약점은 무엇인가? 셋째, 나는 무엇을 변화시켜야만 하는가?

그리고 다음의 사항을 기억하십시오. 변화의 과정은 본질적인 당신의 습관들을 고쳐가는 과정입니다. 만일 당신이 한번 무엇인가를 했다면 그것을 두 번도 할 수 있을 것입니다. 두 번 해 보십시오. 그러면 세 번 할 수도 있습니다. 세 번 해 보십시오. 그러면 이미 당신은 그것에 길들여지기 시작하고 있는 것입니다.

빈 주춧대

나는 최근에 이발소에서 전부터 본 적이 있는 한 소년과 대화를 나누었습니다. 나는 그 아이에게 "너는 어떤 사람이 되길 원하니?"하고 물어 보았습니다. 그랬더니 그 애는 "목사님, 저는 누구처럼 되고 싶은지 모르겠어요. 닮고 싶은 사람을 아직 한 사람도 발견하지 못했거든요"라고 대답하였습니다. 그 말도 무리는 아닙니다. 만일 여러분이 거기에 있었다면, 내가 무엇에 대하여 말하고 있는가를 알았을 것입니다. 아이들은 완전한 선생을 찾는 것이 아니라 단지 정직한 자, 성장해 가는 자를 찾고 있을 뿐입니다. 그러나 교사들 중 너무나 많은 자들이 아이들을 가르치는 데 있어 속이 텅 비어 있는 주춧대들 같습니다.

오늘날 사람들은, 예수 그리스도께서 왜 이 세상에 오셔야만 했던가를 전혀 깨닫지 못하며, 성경이 자신들의 복잡한 문제에 대한 해결 방법을 갖고 있다는 것을 모르고 있습니다. 그들의 절박한 문제는 하나님의 살아 있는 말씀을 알고, 성경을 부단히 공부하며, 하나님이 혐오하는 것을 혐오하고, 하나님이 원하는 것만 좋아하도록 마음에 말씀을 깨우쳐 주는 사람들을 만나는 것입니다.

이렇게 인격적으로 받아들여진 성경의 진리가 그들을 변화시키기 시작함으로써 그들은 참된 영향력을 발휘하게 됩니다.

생각해 봅시다
(개인적인 평가 및 다른 교사들과의 토의를 위한 질문)

1. 지난해 당신의 삶에서 어떠한 면(영적, 지적, 정서적인 면 - 역자주)의 성장이 당신이 가르치고 있는 학생들에게 가장 명백하게 도움이 되었다고 생각합니까?

2. 당신의 믿음과 가르침에 대한 태도가 성장하도록 해 준 것은 무엇이었습니까?

3. 훌륭한 교사에게 있어 세 가지 특징인 신실함, 유용성, 그리고 배우는 자세 중 각 특징에 대하여 다음 질문들로 당신 자신을 평가해 보십시오.
 (a) 나의 장점은 무엇인가?
 (b) 나의 약점은 무엇인가?
 (c) 나는 어떠한 면에서 변화되어야만 하는가?

4. 한 사람의 영적인 성장이 육체적, 지적, 사회적인 면에서의 성장이나 퇴보 혹은 답보에 어떤 영향을 받는지 그 실례를 들어 보십시오.

제 2 장
교육의 법칙

- 긴장 상태
- 분명한 목표 설정
- 기초적인 기능
- 실패는 모든 것의 기초가 됩니다
- 특별한 경우
- 노력의 결과
- 생각해 봅시다

교사의 참된 기능은

학생들로 하여금 스스로 배우도록 최선의 조건을 조성해 주는 것입니다…….

참된 가르침은 지식을 전해 주는 것만이 아니라

학생들로 하여금 지식을 얻도록 격려하는 것입니다.

이런 면에서 가장 적게 가르치는 사람이 가장 잘 가르치는 자라 말할 수 있습니다.

- 존 밀튼 그레고리 -

유능한 교사는 가르치려는 것, 즉 교육 내용을 먼저 알아야 할 뿐만 아니라 가르치고자 하는 사람을 또한 알아야만 합니다.

교사는 단지 어떤 원리들을 가르치는 데만 관심을 갖지 말아야 하며, 배우는 이들에게 영향을 주도록 해야 합니다. 그러므로 배우는 방법은 가르치는 방식이 결정한다고 할 수 있습니다. 이것이 교육의 법칙입니다.

존 밀튼 그레고리가 그의 고전적 저서인 『가르침의 일곱 가지 법칙(The seven Laws of Teaching)』에서 보여 주는 교육 과정의 법칙이 이 법칙들의 기초가 되는 개념입니다. 이 교육의 법칙은 배우는 자가 스스로 행동하도록 격려하고 지도하는 것을 포함하는데, 이것이 중요한 표현입니다.

사실 우리는 교육의 법칙을 다음과 같이 부연하여 정의할 수 있습니다.

"교사는 배우는 자의 자발적인 활동을 자극하고 지도해야 하며, 대체로 학생들이 스스로 깨달을 수 있도록 쉽게 가르쳐 주지 말며, 그렇게 노력하는 학생들을 위해서는 아무 것도 방해하지 말아야 한다." 그러므로 중요한 것은, 교사로서 당신이 무엇을 행하느냐가 아니라 학생들이 무엇을 배우느냐 하는 것입니다.

이러한 정의는 교사와 학습자 모두를 다음과 같은 역할에 귀착시킵니다. "교사는 주로 격려하는 자요, 동기 유발자입니다…… 그는 연주자가 아니라 연주자들을 자극하고 지도하는 지휘자일 뿐입니다. 반면에 학습자는 주로 연구자이며, 발견자요, 실행자입니다."

그러므로 가르침에 대한 결정적인 요건은 교사가 무엇을 한다거나 얼마나 잘 하느냐가 아니라, 학생이 무엇을 얼마나 잘하게 되느냐입니다.

나의 큰딸 바브는 달라스 교향악단의 수석 바이올린 연주자로부터 바이올린 교습을 받았는데, 많은 비용이 들었습니다. 당신은 독주회가 시작 되었을 때 누가 연주했다고 생각하십니까? 교향악단의 수석 바이올린 연주자가 아니라 바로 내 딸 바브였습니다. 나는 수석 바이올린 연주자가, "신사 숙녀 여러분, 제가 여러분에게 이 바이올린 솜씨를 보여 드리기로 하겠습니다."라고 말하는 것을 결코 듣지 못하였습니다.

그렇습니다. 내가 그에게 교습비를 지불하고 있었던 것은 그가 연주하도록 하기 위해서가 아니라 그로 하여금 바브를 가르치도록 하기 위해서였습니다. 또한 내가 알기 원했던 것은 그가 나의 딸에게 가르쳐 준 결과로 바브가 얼마나 바이올린을 잘 연주할 수 있는가 하는 것이었습니다.

훌륭한 교사는 자신이 하는 일에 열중하는 것이 아니라 학생들이 하고 있는 것에 관심을 갖습니다.

플라톤은 다음과 같은 유명한 말을 하였습니다.

"한 나라에서 존중받는 것은 바로 그곳에서 성장한 것이다."

그렇다면 당신은 가르치는 것들 중에서 무엇을 중요시합니까? 당신은 학생들이 당신의 모든 질문에 바른 답변을 하며, 기독교의 모든 진리를 자신 있게 말할 수 있다는 사실에 만족을 느낍니까? 실제로 그러한 것이 당신을 만족시킵니까?

신학교에서 학생들 중 몇몇은 자신들이 얼마나 많이 알고 있는지에 대하여 내가 조금도 칭찬하지 않는 것 때문에 종종 당황합니다. 그들은 나에게서 칭찬을 듣기 위해 대답하는 중간 중간에 언제나 헬라어와 히

브리어를 섞어서 말합니다. 그러나 그때마다 나는 "잘했네. 그런데 그 것이 제군의 생활에서 어떻게 역사하는가?"라고 묻습니다.

우리의 교육 제도에 있어서 강조되어야 할 것은 지식의 축적이 아닙니다. 그런데도 오늘날 우리 교사들은 학생이 자기 머리 속에 얼마나 많은 것을 집어 넣어 두었다가 시험지 위에 얼마나 많이 옮겨놓을 수 있느냐에만 관심을 두고 있습니다.

학교 복도에서 나는 시험 중인 한 학생을 만났습니다. 그는 시험 공부에 무척 열중해 있는 듯이 보였는데, 내가 그의 어깨 위에 팔을 얹고 격려의 말을 해주려 하자 그 학생은 "교수님, 저에게 손대지 마세요! 그러면 내가 알고 있는 모든 것이 새어나가게 된단 말예요."라고 농담을 하였습니다. 그러한 것은 교육이 아닙니다.

대학 강의실에는 전혀 와 본 적이 없는 많은 사람들도 훌륭하게 교육을 받는 경우가 있습니다. 그들은 지식적으로는 모두 다 알지 못하겠지만 자신들이 아는 것을 행동으로 옮길 수 있는 실천가들이며, 하나님은 이들을 자신의 계획을 성취하기 위한 도구로 사용하십니다.

긴장 상태

심리학자 아브라함 매슬로우(Abraham Maslow)는 학습의 단계를 네 단계로 분류하였습니다.

모든 사람이 배우기 시작할 때의 기초 단계는 자신도 의식하지 못하고 있는 무의식적 무능력(unconscious incompetence) 단계입니다. 이때에는 무지하면서도 자신이 모른다는 것을 깨닫지 못합니다.

두 번째 단계는 의식적 무능력(conscious incompetence)의 단계로, 이때에 들어서면 자신이 모른다는 사실을 압니다. 그러면 자신의 그러한 상태를 어떻게 발견할까요? 보통은 누군가가 그러한 사실을 말해 주지만, 때로는 스스로 발견하기도 합니다.

세 번째 단계는 의식적 능력(conscious competence)의 단계입니다. 처음 자동차 운전하는 법을 배웠을 때처럼 무엇인가를 배우고, 자신이 배운 것을 실행하면서 자신의 능력을 의식적으로 아는 단계를 말합니다.

마지막 단계는 무의식적 능력(unconscious competence)의 단계입니다. 여러분은 어떤 한 분야에 있어서 너무나 유능한데도 그에 대하여는 더 이상 생각조차 하지 않을 경우가 있습니다. 예를 들면, 차를 타고 나서 시동을 걸고 헨드 브레이크를 풀고 기어를 넣어 작동시키는데, 이 모든 조종 활동에 대하여는 생각하지도 않고 운전을 하게 됩니다. 사실 우리는 운전하는 시간의 대부분을 운전 이외의 다른 것을 생각하는 데 보냅니다.

가르치는 기술 혹은 배움의 어려움은 학생들로 하여금 배움의 출발점에 서도록 하는 것이며 가장 기초적인 것부터 배우는 과정을 시작할 수 있게 하는 것입니다. 이러한 일은 우리에게 있어 쉽지 않을 것입니다. 하지만 긴장 상태 없이는 어떠한 성장도, 발전이나 배움도 없습니다. 그러므로 긴장 상태는 이러한 과정에 있어서 실로 필수적인 것이라 하겠습니다. 그러나 지나친 긴장은 좌절, 곤경, 불안 등을 유발합니다. 반면에 너무 긴장하지 않으면 무관심을 낳게 됩니다.

그러므로 하나님은 우리의 무관심한 평정 상태를 깨뜨리기 위해서 자신의 거룩한 계획에 따라 우리의 삶 속에 정기적으로 들어오십니다. 이것이 바로 그분이 우리를 성장시키는 방법입니다.

따라서 우리가 "주여 나를 당신의 아들같이 만드소서"라고 기도하고 일어나 삶의 현장으로 나갔을 때, 어떤 문젯점에 부딪히게 됩니다. 그럴 때 우리는 "주여, 무슨 일이 일어났습니까?"라고 묻습니다. 그것은 그분이 우리의 기도에 응답하고 계시다는 증거인데도 말입니다. 예수 그리스도는 하나님의 아들이었음에도 불구하고 많은 고난을 받으심으로 순종을 배우셨다는 것을 기억하십시오.

여러분은 강의 시간에 학생들에게 편안함을 느끼게 합니까, 아니면 그들이 '나는 하나님의 말씀을 더 공부하고 더 많이 생각해야만 한다. 이것을 실생활을 통하여 철저히 시험해 보아야겠다.'라고 깨닫도록 하기 위해 그들의 평정을 깨뜨립니까?

내가 교사로서 자주 사용하는 것들 중 하나는 역할극입니다. 아내 진과 나는 한때 신학교에서 5백명 가량의 주부반을 가르쳤습니다. 그때 우리는 교대로 강의를 했는데, 한 사람이 한 단락을 가르치면 다른 사람은 그 다음 단락을 가르치기로 했습니다. 진이 먼저 강의하고 나면 나는 주의 깊게 들은 후 지적 사항을 말하였습니다.

"진, 이 부분은 강의 하지 않기로 동의했지 않소?"

그러자 그녀는 날카롭게 응수했습니다.

"어휴, 이것이 바로, 우리가 강의를 시작하기 전에 예상했던 거예요."

그래서 우리는 언쟁하기 시작했습니다. 그러자 즉시 물을 끼얹은듯 장내가 조용해졌습니다. 강의실은 긴장감으로 가득하게 되었습니다. 분위기로 보아 성냥을 켰더라면 즉시 불에 타버렸을 만큼 그 긴장감이 고조되어 있었습니다. 그러다가 마침내 우리가 어느 순간 결정을 내려 긴장감을 깨뜨렸고, 학생들은 우리 두 사람의 언쟁이 계획된 것임을 깨닫고서 박수 갈채를 보냈습니다. 우리는 자신을 드러내는 것을 두려워하지 않았습니다. 오히려 우리는 서로 논쟁하는 법을 안다는 것에 자부심을 느꼈습니다. 이와 같이 긴장의 결과는 배우는 일을 촉진시켰습니다.

역할극은 학습자가 수업에 참여할 수 있게 합니다. 나의 제자 중 한 사람이 어떤 침례 교회에서 결혼 생활에서의 대화법에 관하여 가르치던 중에 이것을 시험해 보았습니다.

 그는 신학교에서 한 부부, 곧 그 반에서는 자기 외에 아무도 모르는 한 부부를 방문자로 와 주도록 초청하였습니다. 그가 강의하고 있는 동안 그 부부는 서로 다투기 시작하였습니다.

 "당신은 무엇 때문에 나를 이곳에 데리고 왔소?"라고 남편이 말했습니다.

 "조용히 하세요!"라고 부인이 대답하였습니다.

 "나는 이런 종교상의 교리는 딱 질색이라는 걸 당신도 잘 알잖소"라고 남편이 되받아 말했습니다. 그때 강의에 참석했던 어떤 남자가 갑자기 앞으로 몸을 구부리고 그 남편을 향해 말했습니다.

 "이봐요, 웬만하면 그녀를 인정해 주시오!"

 이 말은 미리 계획된 내용이 아니었습니다.

분명한 목표 설정

 언젠가 나는 웨스트 코스트(The west coast)에 있는 한 교회에 설교를 하기 위해 갔었는데, 강단 위에 올라 갔을 때 다음과 같이 쓰여 있는 벽보가 눈에 띄었습니다.

 "도대체 당신은 이 사람들에게 무엇을 설교하려 하는가?"

 이것을 보고서 나는 미리 준비해 온 설교의 방향을 바꾸었습니다.

 그 후에 나는 그 교회 목사님에게 그 벽보에 대하여 물었습니다. 그랬더니 그는 다음과 같이 말하였습니다.

 "헨드릭스 교수님, 저는 12년 동안이나 뚜렷한 목적도 없이 설교를 해 왔습니다. 그런데 어느 날, 내 자신이 무엇을 하고 있는지를 모른다면 성도들 또한 자신들이 무엇을 해야 하는지를 모를 것이라는 사실을 깨닫게 되었지요. 그때부터 나는 명확한 목표를 갖고 강단에 서기 시작했습니다."

 당신의 경우는 어떠합니까? 당신은 자신의 가르침에 대하여 명확한 목표를 갖고 있습니까? 당신은 진정으로 교육시키는 방법을 알고 있습니까?

 당신에게 기본적인 세 가지 목표를 제시하겠습니다. 비록 당신이 그것들을 즉석에서 수용하지는 않더라도 주의하여 살펴보기 바랍니다. 만일 당신이 그 목적들을 충분히 생각해 봄으로써 그것이 교사로서의 당신에게 재산이 된다면, 앞으로 여러 세대에 걸쳐 당신을 존경하고 감사할 사람들이 있을 것입니다.

첫째 목표 : 학생들에게 생각하는 법을 가르쳐 주십시오
 만일 여러분이 어떤 사람을 영속적으로 변화시키기를 원한다면 단지 그의 행위가 아니라 그의 생각을 변화시키는 데 주력하십시오. 여러분이 그의 행위만을 변화시킨다면 그는 왜 그렇게 변화되어야 하는지를 이해하지 못할 것입니다. 그러한 변화는 피상적인 것일 뿐이며, 일시적인 것입니다.

 교사로서 여러분의 임무는 사람의 머리를 넓히는 것입니다. 사람의 머리는 탄력없는 고무와 같아서 일단 그것을 넓혀 놓으면 결코 본래의 상태로 되돌아가지 않습니다.

 나는 자신의 두뇌를 열심히 개발하면 끝내는 마모될까봐 걱정하는 많은 학생들을 알고 있습니다.

 언젠가 나는 필라델피아에 있는 병리학자인 한 친구에게 "자네는 뇌를 많이 보았는가?"라고 물어 보았습니다.

 "물론 수백 개의 뇌를 보았다네"라고 그는 말했습니다.

 "그럼 자네는 닳아 해어진 뇌를 본 일이 있는가?"

 "나는 많이 사용되었다 해서 조금이라도 낡은 뇌를 결코 본 일이 없다네."

 그렇습니다. 걱정하지 말고 과감하게 모험을 감행하십시오.

 머리를 넓힌다는 것이 단지 느저분한 편견을 재정리하는 것만 가리키는 것이 아닙니다. 그러나 대개의 사람들은 그렇게 생각합니다. 그러나 우리가 여기서 말하려는 것은 엄격한 과정, 곧 싹이 트고 마침내 열매를 맺게 될 씨앗을 심는 것에 대한 것입니다. 그렇다면 심겨진 씨앗들은 언제 싹이 나고 자라서 열매를 맺습니까? 이에 대하여 우리는 전혀 알 수 없습니다. 바로 이 점이 가르치는 일에 있어 더할 나위 없는 보람이요, 기쁨입니다.

 나의 제자 중에는 내게 찾아와서 "교수님으로 인해 저의 인생 경로가 바뀌었어요"라고 말하는 사람들이 있었습니다. 그때마다 나는 그들에게 "거참, 오히려 내게 격려가 되는구먼. 그런데 내가 무슨 말을 했다고 자네의 인생의 과정을 바꾸어 놓았는가?"라고 묻습니다. 그러면 그들은 어떤 심오한 원리를 설명하는데, 이에 대해 나는 다음과 같이 말합니다.

 "내가 그렇게 말했던가? 난 기억나지 않는데. 하지만 자네에게 그러한 변화가 있었다니 놀라운 일일세! 나도 그 말을 적어 놓아야겠네."

 만일 당신이 이에 대해 곰곰이 생각해 본다면, 인생에 있어 가장 훌륭한 선생이라고 회상하는 분은 아마도 씨앗을 심었던 사람일 것이며, 당신은 지금도 그 씨앗에서 열매를 수확하고 있을 것입니다.

 그러므로 다음과 같은 사실을 잊지 마십시오. 훌륭한 가르침과 참된 교육은 일련의 가르침을 잘 듣는 순간들로 이루어집니다. 여러분이 배우는 자의 심중을 간파하여 배울 마음의 준비가 되어 있게 하려면 예측할 수 없는 역동적인 시간을 이용할 줄 알아야 합니다.

 마가복음 4장의 씨 뿌리는 자에 대한 비유가 그 전형적인 사례입니다. 그 비유를 읽어 보면, 당신은 예수님이 묘사하시는 각 상황에 있어

일정치 않은 것이 오직 하나가 있음을 발견할 것입니다. 씨 뿌리는 자도 같고, 씨앗도 같지만 토양, 즉 각 개인의 반응이 다르다는 것입니다. 이처럼 모든 것은 개인의 반응에 달려 있습니다.

당신이 무엇을 가르치든 간에 배우는 학생이 스스로 터득하도록 도움으로써, 가르침을 잘 소화할 수 있도록 그 순간을 잘 이용할 준비를 하게 하십시오. 그리고 다음과 같은 사실에 주목하십시오. 만일 당신이 그들에게 생각하는 법을 가르치려고 한다면, 그것은 당신 자신이 이미 생각하는 방법을 안다는 것을 전제로 해야 할 것입니다.

일반 대학과 신학교에서 만났던 교수들 중 몇몇 분들 때문에 나는 완전히 변하게 되었는데, 이러한 변화는 대부분 그들이 가르쳤던 과목과는 아무 관계가 없었습니다. 오히려 그러한 변화는 전적으로 생각하는 법과 가르치는 방법에 의하여 이루어진 것이었습니다.

기독교 신앙, 특히 복음주의 기독교 신앙은 지금까지 혹평을 받아왔습니다. 많은 사람들이 기독교를 '생각 없는 사람들'을 불러들이는 여과기로 간주합니다. 그들은 그리스도인이 된다는 것은 눈과 귀를 막고 뒤에서 가르쳐 주는 대로 따라해야만 하는 것으로 생각합니다(이것은 특히 여자들에 대한 견해입니다. 오늘날 일부 복음주의 공동체에 가서 "제가 예수 그리스도를 위해 무엇을 할 수 있을까요?"라고 묻는다면 그들은 빵이나 만들라고 말할 것입니다.)

그러나 예수님은 우리에게 하나님을 우리의 온 마음과 목숨과 힘과 뜻을 다하여 사랑해야 함을 상기시키셨습니다(눅 10:27). 그러므로 진정으로 그리스도를 따른다면 자기의 마음을 여전히 세상과 그리스도 사이의 중간에 둘 수는 없습니다.

둘째 목표 : 학생들에게 배우는 법을 가르쳐 주십시오

학생들에게 그들 자신의 남은 인생 동안 배우는 과정을 지속시킬 수 있게 하십시오. 배운다는 것은 무엇일까요? 배우는 것은 언제나 하나의 과정입니다. 그것은 평생 동안 계속 진행됩니다. 우리는 사는 동안 계속 배웁니다. 그리고 배우고 있는 동안은 살아 있는 것입니다. 오늘 배우는 것을 중단해 보십시오. 그러면 내일 사는 것을 중단하는 것이 될 것입니다.

바로 이런 이유로 필자가 당신에게 본서를 읽으라고 권유하는 것입니다. 그러므로 본서를 읽는 것은 당신이 필자에게 표할 수 있는 가장 큰 경의인 것입니다. 오늘날 교회에 있어서 문제는 가장 배울 필요가 있는 사람들이 좀처럼 배우려고 하지 않는다는 것입니다. 그렇지만 지금 당신은 배우는 과정에 있는데, 그것은 실로 감격스러운 것입니다. 배움만이 당신이 살아 있음을 느끼게 해줄 것입니다.

배우는 과정은 흥미진진한 과정일 뿐 아니라 논리적인 과정이기도 합니다. 배우는 과정에는 세 단계가 있습니다. 그것은 전체에서 부분으로 나갔다가 전체로 다시 되돌아옵니다. 바로 정(正), 반(反), 합(合)의 과정인 것입니다. 이것은 전체적인 윤곽에서 그 안에 담긴 한 부분씩을 분해하는 과정으로 나가는 것입니다. 이러한 과정은 그 모든 부분을 분석하고 전체에 비추어 그 의미를 이해하며, 그 다음에는 모든 사람이 '이제 나는 이해하고 그것을 어디서든 사용할 수 있다'고 생각할 수 있도록 다시금 그 모든 부분을 종합적으로 제자리에 되돌려 놓는 것으로 진행됩니다.

그러므로 사람들을 배우는 과정으로 인도하기 위해서는 그들에게 먼저 전체적인 윤곽을 제시해 주십시오. 날카롭고 지혜로우며 유능한 사람들이 꽤 오랫동안 교회에서 보내왔으면서도 요점을 모릅니다. 왜냐하면 그들은 전체를 부분으로만 분석하여 살피는 경향이 있기 때문입니다.

언젠가 나는 어느 교회에서 설교하도록 초청을 받았는데, 그때 그 교회의 장로님들이 나에게 다음과 같이 부탁하는 것이었습니다.

"헨드릭스 목사님, 부탁을 드려도 괜찮겠습니까?" "예, 말씀하시지요."라고 말했더니, "그렇다면 부탁인데요, 본문을 선택할 때 에베소서는 제외하여 주십시오."

그래서 나는 그들에게 농담조로 다음과 같이 말하였습니다. "여러분은 내가 설교의 본문까지 간섭하는 교회에는 결코 가지 않는다는 사실을 잘 아실텐데요."

그러자 그들은, "아, 아뇨, 그런게 아닙니다. 목사님께서도 아시겠지만 우리는 에베소서 강해를 3년 동안이나 공부해 왔는데도 이제 겨우 2장에 들어갔을 뿐이에요."라고 말했습니다.

이것은 일반적인 기준을 좇아가는 것에 불과합니다. 그리고 그것이 바로 대부분의 교인들이 기껏해야 조각 성경 말씀으로만 인식하고 전체적 맥락을 이해하지 못하는 이유입니다. 그들은 전체적인 윤곽을 이해하려 하지 않습니다.

배우는 과정은 몹시 호기심을 자극하고 논리 정연한 과정일 뿐만 아니라, 또한 새로운 것들을 발견해 가는 것이어야 합니다. 진리는 언제나 스스로 그것을 이해하게 될 때 가장 유익하고 생산적인 것이 되는 것입니다.

나는 달라스 신학교에서 '스스로 성경을 공부하는 법'에 관하여 35년 동안이나 가르쳐 왔습니다. 그것은 내가 지금까지 가르쳐 온 것 중에서 가장 재미있는 교육 과목입니다. 학생들은 정해진 부분을 독자적으로 연구한 후에 각자 수업에 들어가게 되는데, 그들이 새롭게 발견한 것을 함께 대화하고 토론할 충분한 시간이 없었던 것이 참으로 아쉽습니다.

나는 학생들이 "헨드릭스 박사님, 저는 박사님이 이런 사실을 지금까지 한 번도 깨닫지 못하셨다고 장담할 수 있습니다."라고 말하는 것을 보면 참으로 기뻤습니다. 그는 존 칼빈과 마틴 루터도 그것에 대하여는 전혀 몰랐다고 생각합니다.

하지만 교사들 대부분은 그런 학생들을 어떻게 대합니까? 우리는 그 학생에게 다음과 같이 말합니다.

"그래, 빌. 자네가 깨달은 진리는 참 훌륭해. 사실 내가 처음 예수를 만났던 35년 전에 나 역시도 그러한 사실을 깨달았다네."

결과적으로 복음주의 교회에서 메시지를 듣는 평신도들은 진리에 의해 감동도 받지 못하고 진리에서 차단되어 있습니다. 복음주의 교회의 교육 프로그램은 종종 사람들의 지성에 대한 경멸이 되곤 하기 때문입니다. 복음주의 교회에 소속된 우리는 성도들에게 살아 있는 하나님의 말씀으로 자라는 법을 가르쳐 주는 대신에, 생기 없고 죽은 말씀을 전하고 있을 뿐입니다. 그들은 하나님의 말씀을 발견한 경험이 전혀 없으며…… 개인적으로도 다음과 같은 경험이 전혀 없습니다.

"이것이 하나님이 말씀해 주신 것이며, 그분이 내게 행하기를 원하시는 것이다. 나 외의 사람들도 이에 대하여 듣고, 삶에 있어 내가 경험하고 있는 것과 같은 변화를 경험해야 한다!"

셋째 목표 : 학생들에게 공부하는 법을 가르쳐 주십시오

우리가 학생들을 스스로 할 수 있는 사람으로 가르치기 위해서는 어느 것 하나라도 결코 해주지 말아야 합니다. 만일 당신이 얼마든지 혼자서도 할 수 있는 학생을 위해 무엇을 대신 해준다면 그 학생을 교육상의 불구자, 즉 교육학상의 기형이나 환자로 만들게 될 것입니다.

당신이 한번쯤 옐로스톤 국립 공원에 가본 일이 있다면 공원 입구에서 순찰 경비원으로부터 한 장의 팜플렛을 받았을 것입니다. 그 안내문에는 큰 글자로 '곰들에게 먹이를 주지 마시오'라는 경고문이 적혀 있습니다. 그러나 공원 한 가운데로 미처 들어가기도 전에 당신은 사람들이 곰들에게 먹이주는 것을 보게 될 것입니다. 그러한 광경을 처음 보았을 때 나는 한 순찰 경비원에게 사람들의 그러한 행위에 대하여 의아해서 물어 보았습니다. 그랬더니 그는 "선생님, 사람들은 극히 단편적인 일부분만을 보거든요."라고 대답하였습니다. 그는 가을과 겨울에 공원을 관리하는 직원들이 죽은 곰들, 즉 스스로 먹이를 구할 능력을 잃어버린 곰들의 시체들을 얼마나 많이 치우는지를 설명하였습니다.

이러한 일은 우리에게도 일어날 수 있습니다.

나는 당신에게 한 가지 질문을 하고 싶습니다. 당신도 혹 곰에게 먹이를 주는 사람과 같은 잘못을 하고 있지는 않습니까? 이러한 문제에 관계되어 있는 사람은 아닙니까, 아니면 계속하여 이러한 문제에 대한 해결을 모색하고 있습니까?

당신의 임무는 학생들을 스스로 공부하게 하며, 훈련시키고, 결심한 것은 반드시 실천하는 사람으로 성장시키는 일임을 결코 잊지 마십시오. 그렇기 때문에 질문에 대한 답변보다는 질문을 하는 데 더 많은 시간을 보내야 하는 것입니다.

우리의 임무는 즉각적이며 평이한 해답들, 곧 실생활에는 전혀 영향을 미치지 못하는 관념적인 해답들을 제공하는 것이 아니라 학생들에게 그들이 생각하고 토의하는 문제들, 일주일 동안 해답을 찾고자 애쓰는 문제들로 인하여 계면쩍어하며 돌아가도록 하는 것입니다. 그때 당신은 자신의 교육 방법이 제대로 이루어지고 있음을 알 것입니다. 그러므로 명심할 것은, 학생들로 하여금 공부하게 하기 위해서는 교사인 당신이 공부해야 한다는 점입니다.

기초적인 기능

만일 당신이 학생들에게 생각하고 배우고 공부하도록 가르치려고 한다면 먼저 네 가지 기초적인 기능 곧 읽기, 쓰기, 듣기와 말하기에 숙달하도록 도우십시오.

오늘날 복음주의 교회에는 독서하는 사람이 드뭅니다. 아마 금세기 말이 되면 우리 복음주의 교회들은 교인들에게 독서법을 가르치지 않을 수 없게 될 것입니다.

어느 날 나는 신학교에서 수업을 하는 도중에 다음과 같이 질문을 한 적이 있습니다.

"대학을 나오는 보통 학생에게 있어서의 문제는 읽을 수 없고, 쓸 수 없으며 생각할 수 없다는 것입니다. 만일 여러분이 읽을 수 없고, 쓸 수 없으며, 생각할 수 없다면 무엇을 할 수 있겠습니까?"

이때 어떤 학생이 "텔레비젼을 봅니다"라고 대답하였습니다.

그렇긴 합니다. 우리는 대부분의 시간을 텔레비젼을 보는 데 다 보냅니다. 우리는 기독교 교육자로서 그리고 부모의 입장에서 우리가 가르치는 학생들이 T.V 중독에 빠진다는 사실에 가슴이 찢어지는 듯한 아픔을 느껴야만 합니다. 그리고 우리가 그들을 위해 할 수 있는 최선의 방법은 그들을 중독으로부터 멀리하도록 돕는 것임을 깨달아야 합니다. T.V에 중독되면 교사로서 당신이 그들에게 발전하기를 원하는 가장 중요한 기술인 읽는 능력뿐 아니라 생각하고 창조할 능력마저 다 상실할 수도 있습니다.

물론 일반 교육의 실제에도 역시 그러한 능력들을 발전시키지 못하는 경우가 많습니다. 나의 장남 봅(Bob)은 국민학교에 들어가게 되자 열심히 공부할 결심을 하였습니다. 그때 그 애는 "아빠, 나는 읽는 법을 배울거예요!"라고 말했습니다.

그렇지만 그 애는 등교한 첫날 집에 와서 "아빠, 나는 읽을 수가 없어요."라고 실망하여 말했습니다. 나는 "얘, 그것은 시간이 좀 걸린단다.

계속 노력해 봐."라고 안심시켜 주었습니다.

그러나 입학한 지 몇 개월이 지났는데도 그 애가 여전히 읽지 못해서 나는 적잖이 걱정이 되었습니다. 그래서 나는 사범학교를 갓 졸업하고 부임한 젊고 아름다운 담임 선생에게 봅의 문제를 의논하기 위해 찾아 갔습니다.

"안녕하세요, 헨드릭스씨. 당신도 이해하지 못하시는군요. 중요한 것은 그 애가 읽는 법을 배우지 않고도 행복해야 한다는 것이예요."라고 그 선생님은 말했습니다. 이때 나는 그렇지 않다고 말했고, 연말까지 기다렸다가 마침내 다시 그 선생에게 찾아가 다음과 같이 물었습니다.

"선생님, 만일 그 애가 읽는 법을 알게 된다면, 더욱 행복하게 되리라는 생각을 해보셨습니까?"

그녀는 분명 이것에 대해서는 전혀 생각해 보지 않은 것 같았습니다.

나는 아들에게 읽는 능력을 키워 주기 위해 6백 달러를 썼는데, 이 돈은 내가 지금껏 투자한 것 중 가장 가치 있는 돈이었습니다. 이로 인하여 지금은 그 애가 나보다 훨씬 더 빨리 읽으며, 우리가 함께 있을 땐 읽은 것에 대하여 극히 신랄한 토론을 하기도 합니다.

읽는 기능에서 발전한 것이 쓰는 기능입니다. 학생들에게 스스로를 있는 그대로 종이 위에 창조적으로 표현할 기회를 자주 주십시오. 몇몇 학생들은 그 방면에 상당한 자질을 가지고 있습니다.

읽기, 쓰기 외에도 듣기와 말하기가 있는데, 두 기술 중 듣는 기술이 더 어렵고, 더 중요하며, 더 결정적인 기술입니다. 그러나 우리는 학생들에게 듣는 법은 좀처럼 가르치지 않으며, 더욱이 학생들에게 본이 되지도 못하고 있습니다.

보통 행정에 종사하는 이들은 업무 시간의 70% 정도를 듣는 데 보내지만 듣는 훈련은 거의 받지 않거나 전혀 받지 않았습니다. 어느 대학이든지 말하기 과정을 이수하지 않고는 졸업할 수 없습니다. 그렇지만 대부분의 대학이 학생들에게 듣기 과정을 이수하도록 강요하지는 않습니다.

나는 수년간 말하기를 가르쳐 왔는데, 학생들에게 말하기를 가르치는 것은 비교적 쉽다고 느끼지만 듣기를 한번 가르쳐 보십시오!

신학교에서 우리는 설교학, 즉 메시지를 준비하여 전하는 기술을 가르치는데, 그 목적은 설교를 잘 하게 하는 것입니다. 물론 설교는 처음부터 끝까지 성경에 의지해야 하며, 성경을 벗어나서는 안됩니다. 왜냐하면 그것은 우리 스스로 선택할 문제가 아니기 때문입니다. 그러나 한 사람도 설교를 듣지 않는다면, 무슨 소용이 있겠습니까?

훌륭한 교사는 훌륭한 경청자이어야 합니다. 이렇게 말하는 사람이 소수이기는 하지만 믿음으로 받아들이십시오.

말하기는 부모들이 가정에서부터 시작해야만 하는 훈련 분야입니다. 나는 부모들에게 자녀들이 3~4살이 될 때부터 말하기를 가르치기 시작할 것을 권하고 싶습니다. 아이들이 자신들의 의사를 분명하게 말할 기회를 가질 수 있도록 병원이나 교도소, 그외의 다른 곳으로 데리고 다니십시오. 말하기는 말을 함으로써 배우게 됩니다.

실패는 모든 것의 기초가 됩니다

실패는 배우는 과정에 있어 필수 불가결한 부분입니다.

나는 네 자녀를 두고 있습니다. 그 애들이 어떻게 걸음마를 배웠는지 아십니까? 어느 날 그 애들이 유아 놀이방에 갔는데, 그들은 어떤 아이가 그 놀이터를 가로질러 걸어가는 것을 주의 깊게 바라보았습니다. 이때 그 애들은 자기들끼리 말하였습니다.

"어머, 저 애는 걸어다니네!"

그리고는 각자 일어나서 말하였습니다.

"이제 나도 걸을거야." 그후부터 그 애들은 걷기 시작하였습니다.

물론 이 사실을 믿지 못할 것입니다. 갓난아이가 몸을 가누지 못하고 손을 내저으며 몇 발짝 비척거리다가는 그냥 주저앉는 것을 보아 왔을 것이기 때문입니다. 그러다간 다시 일어나서, 당신이 팔을 벌리고 "빌리, 이리 오렴!"하면 뒤뚱거리며 당신을 향해 걸어오기 시작하지만, 곧 몸의 균형을 잃고 바닥 위에 엎어지고 맙니다. 그러면 이 아이가 '제기랄! 나는 결코 걷지 못하나 봐!' 하고 생각할까요?

그렇지 않습니다. 그 애는 다시 일어나 걷습니다. 그리고 또 넘어지고, 또다시 일어나 걷습니다. 그렇게 해서 걷기를 배울수록 넘어지는 횟수가 줄어듭니다.

다음과 같은 상황을 연상해 보십시오. 제자들이 두 사람씩 보냄을 받았는데, 그들은 어떤 놀라운 사건을 보게 되었습니다. 제자들은 예수님께 돌아와 말하였습니다.

"주여, 귀신들도 우리에게 복종하더이다!"

그러던 어느 날 그들은 해결하기 어려운 문제에 부딪히게 되었습니다. 귀신들린 한 소년으로부터 귀신을 쫓아낼 수가 없었던 것입니다. 격분한 그 소년의 아버지가 예수님께로 와서 말했습니다.

"제가 당신의 제자들에게 아들을 데리고 갔지만 그들은 귀신을 쫓아내지 못했습니다."

그래서 결국 예수님이 그 귀신을 쫓아내셨습니다.

이때 제자들이 예수님께 물었습니다.

"주여, 어떻게 하여 이러한 일이 일어났습니까?"

그때 예수님이 "내가 너희에게 이르노니 기도와 금식이 아니면 이런 기적이 나오지 않느니라."라고 말씀하셨다. 자주 있었던 일이지만 제자들이 실패를 맛본 경우는 그들에게 있어 가장 중요한 배움의 경험 중 하나가 되었습니다.

일찍이 내가 가르쳤던 가장 명석한 학생 가운데 한 사람이 지금은 일류 대학의 교수로 있는데, 그는 자신의 전공 분야에서 세계적인 선두 권위자가 되어 가고 있습니다. 그는 나에게서 한 과목을 배웠을 때 형편없는 점수를 받았었습니다. 그러나 오늘에 이르기까지도 그는 그때의 교육이 지금까지의 그의 생애에 있어 가장 위대한 배움의 경험이 되었다고 말할 것입니다.

특별한 경우

교육은 과학이며 기술입니다. 과학으로서의 교육은 기초적인 법칙들을 내포하며, 기술로서의 교육은 그러한 법칙들에 대한 예외를 아는 것을 포함합니다.

학생들이 스스로 배우게 할 수 있도록, 그들에게 결코 말해 주지 않거나 그들을 대신하여 해주지 말아야 한다는 원칙에는 예외들이 있습니다. 그러한 예외들을 안다면 당신은 어느 정도 실패를 면하게 될 것입니다.

첫째는 시간을 절약하는 문제입니다. 수레바퀴를 재발명하려고 시간을 소비할 필요는 없습니다. 만일 우리가 들어와 있는 건물에 불이 났다면 제일 먼저 무엇을 해야 하는가에 대해 브레인스토밍(brainstorming : 회의에서 모두가 차례로 아이디어를 제출하여 그 중에서 최선책을 결정하는 것 - 역자주) 할 시간이 없습니다. 이때는 어떤 사람이 "여기가 출구다!"라고 소리질러야 할 것입니다. 훌륭한 교육에 있어서도 이와 마찬가지입니다.

둘째는 격려와 도움을 특별히 필요로 하는 학생들에 대한 것입니다.

여러 가지 이유로 이런 학생들은 필연적으로 실패를 경험하게 됩니다. 그래서 배움에 있어서의 도전적인 과정에 접어들게 될 때, 이들은 십중 팔구 자포자기하기 쉽습니다. 곧 실패의 과정에서 이들은 "나는 그것을 잘 해낼 수 없어"라고 생각하기 때문입니다.

언젠가 나는 텔레비전 인터뷰 중에, 35년간 신학교에서 가르쳐 오는 동안 내가 무엇을 배웠는지에 대해 질문을 받았습니다. 나는 나의 주된 임무가 학생에게 "나는 자네를 믿네! 자네는 잘 할 수 있을 걸세."라고 납득이 가도록 말해 주는 것임을 배워왔다고 말했습니다. 가장 신앙이 좋다는 사람들인 신학교 학생들은 흔히 열등감으로 가득 차 있는 경우가 많습니다.

그러므로 당신이 학생들을 가르침에 있어 "하나님이 나를 사용할 수 있으시다고는 생각지 않아요"라고 말하는 학생들, 혹은 "나는 변호사나 선교사가 되고 싶지만 내가 그렇게 되는 데 필요한 요소를 갖고 있다고는 생각지 않아요."라고 말하는 어린아이에 대하여 특히 주의해야만 합니다. 자칫 잘못하다가는 그러한 애들에게 정신적으로 타격을 줄 수도 있기 때문입니다.

셋째는 학생들이 너무나 적극적이고 도전적이어서 당신이 가르치는 것을 모두 받아들이면서도 여전히 더 배우기를 원할 때입니다. 그들은 너무 흥분하고, 관심도 매우 강렬하므로 스스로를 거의 자제하지 못합니다.

나는 전에 그리스도께로 돌아온 한 프로 축구 선수에게 신약 성경을 하나 선물해 주었는데, 그후 그의 삶은 근본적으로 변하였습니다. 내가 그에게 성경을 선물한 지 꼭 일주일 후에 만났는데, 그는 나에게 "성경책을 읽었습니다"고 말하였습니다. 그래서 나는, "참으로 잘 하셨습니다. 이제 그것을 다 읽게 될 때까지 계속하여 읽기를 원할 것입니다."라고 말해 주었습니다. 그러자 그는 "아닙니다. 저는 이 책 뒷편에 있는 시편을 포함해서 신약 전체를 읽었습니다."라고 말하였습니다. 그리고는 "성경이 신약 외에도 더 있다고 들었습니다"라고 덧붙여 말했습니다. 그래서 나는 그에게 신·구약이 함께 있는 성경 한 권을 주었는데, 그후 4주가 지나자 그는 구약 전체도 다 읽었다고 했습니다. 일생 동안 성경을 한 번도 통독하지 않은 장로들도 있는데 말입니다.

그러므로 학생들이 갈망하게 될 때 그들에게 당신이 할 수 있는 한 모든 것을 말해 주십시오. 그러면 오직 전진만이 있을 뿐입니다.

노력의 결과

마지막으로 주의할 것이 있습니다. 비록 시간이 걸릴지라도 일단 당신이 학생들로 하여금 어떠한 장애물을 극복하고 새로운 발견과 배움으로 진정한 기쁨을 맛보게 했다면, 그들은 진부한 교육 방침으로는 더 이상 만족할 수 없을 것입니다. 그들은 학습 과정에 깊이 들어가지 못하면 결코 만족하지 못하게 될 것이기 때문입니다.

생각해 봅시다
(개인적인 평가와 다른 교사들과의 토의에 대한 질문)

1. 당신은 어떤 유형의 교사들에게 배우는 것이 가장 즐겁습니까? 그리고 그 이유는 무엇입니까?

2. 당신이 가르치고 있는 학생들 중 마음속으로 세 사람을 선택하여 그들의 개인적인 차이점들을 검토해 보십시오. 그들이 생각하고 배우는 방식에 있어 무엇이 각각 다르게 보입니까? 성경에 대한 그들의 이해와 그리스도인으로서 그들의 경험 수준은 각각 어떻게 다릅니까? 그들은

환경 여건, 즉 가족 관계, 지리, 문화, 교육, 경제적 수준 등에 있어 어떠한 차이점들이 있습니까? 그들의 현재 생활 양식에 있어 어떠한 주요 차이점들이 두드러져 보입니까? (이러한 것들은 학생들에게 전반적으로 물을 수 있는 좋은 질문들입니다)

3. 교사로서 당신이 세운 가장 중요한 목표는 무엇입니까?

4. 실패가 어떻게 당신의 개인적인 성장에 있어서 도움이 되었습니까?

제 3 장

행동의 법칙

- 최대의 참여-최대의 배움
- 행함으로 변화한다
- 의미 있는 행동
- 계속하여 나아감
- 생각해 봅시다

지식은 어떤 물체처럼 한 사람에게서 다른 사람에게로 전가될 수 없습니다.

사상은 붙잡거나 손으로 만질 수 있는 물체가 아니기 때문입니다.

사상은 재고되어야만 하며, 경험은 재경험되어야만 합니다.

- 존 밀튼 그레고리 -

전달자로서 당신의 임무는 학생들에게 감명을 주는 것이 아니라 강한 영향을 주는 것이며, 또한 그들로 단지 깨닫게만 하는 것이 아니라 변화시키는 것입니다.

오늘날 기독교 교육은 너무나도 소극적입니다. 이러한 것은 기독교 신앙과 어울리지 않습니다. 왜냐하면 기독교 신앙은 세상에서 가장 위대한 역사이며, 또한 사람들을 변화시키는 것이기 때문입니다.

우리는 종종 세상에서 가장 위대한 기독교의 힘을 의지해 왔습니다. 그리스도인의 신앙 태도는 "태초에 있었듯이 이제도 영원히 있으리로다"라는 찬송에서 잘 표현됩니다. 교회와 기독교 신앙은 그들이 초래할 것으로 예상되는 그 변화에 대처합니다.

로마서 8:29을 보면 "하나님이 미리 아신 자들로 또한 그 아들의 형상을 본받게 하기 위해 미리 정하셨으니"라고 기록되어 있습니다. 만일 이것이 사실이라면 우리는 당연히 얼마나 많은 변화를 거듭해야만 하겠습니까?

최대의 참여 의식 - 최대의 배움

교육이 단지 말로 전달해 주는 것뿐이라면 나의 아이들은 무척이나 명철한 아이들일 것입니다. 왜냐하면 나는 내 아이들에게 그들이 알 필요가 있는 모든 것을 다 가르쳐 주었기 때문입니다. 이것은 아마 거의 모든 부모에게 있어서 마찬가지일 것입니다. 나는 아버지들이 자주 "애야, 내가 그것을 몇 번이나 말해야 알아듣겠니?"라고 훈계하는 것을 들을 수 있습니다. 그러면 아이가 퉁명스럽게 대답합니다.
"모르겠어요. 아빠. 난 머리가 나쁜가봐요."
그러나 가르침과 배움의 과정은 그 이상의 것입니다.

행동의 법칙이란 "최대한의 배움은 최대한의 참여의 결과"입니다. 이것은 명백한 사실입니다. 즉, 배우는 자의 행동이 사려 깊은 것이어야만 한다는 것입니다.

이러한 조건은 교육에 대한 중요한 통찰력을 내포합니다. 즉 배우는 행위는 결코 그 자체에 목적이 있지 않으며, 그것은 언제나 목표에 도달하기 위한 수단일 뿐이라는 것입니다.

"우리는 학생들을 무척이나 바쁘게 만들고 있습니다!"라고 선생님이 자랑스럽게 말합니다.

이에 대해 참관인은 "뭘 하는데 그렇게 바쁘게 만듭니까?"라고 묻습니다.

"별 것 아닙니다. 하지만 그들은 확실히 멋진 시간을 보내고 있어요!"

결코 당신의 목적을 망각하지 마십시오. 목적은 결과를 결정합니다. 당신은 자신이 목표로 삼는 것을 성취할 수 있습니다.

수년 동안 필자는 25년 동안이나 존립해온 어느 단체의 이사였습니다. 그런데 언제부턴가 나는 '도대체 이 단체의 목적이 무엇인가?' 라는 회의를 하기 시작했습니다.

결국 나는 그 이사들 모임에서 "여러분, 이 단체의 목적이 무엇입니까?"라고 질문을 제기하였습니다.

"헨드릭스 형제여, 참 좋은 질문입니다. 브라운 형제여, 당신은 이 단체에 우리들 중에서 가장 오랫 동안 있었어요. 당신은 이 단체의 목적이 무엇이라고 대답하시겠습니까?"

우리는 이 질문에 답변하려고 테이블에 빙 둘러 앉았지만, 누구 하나

분명하고도 힘있게 관심을 돋울 만한 대답을 하지 못하였습니다. 그래서 나는 "제가 한 가지 제안을 해도 되겠습니까?"라고 말하였습니다.

"아, 예, 그럼요. 좋습니다."

"나는 이 모임을 해체시키자고 제안합니다."

"하지만 헨드릭스 형제님, 우리는 25년 동안이나 이 단체를 유지해 왔습니다!"

"그렇다면 바로 그것이 내가 이 단체를 해체시켜야 된다고 생각하는 가장 타당한 이유일 것입니다."

결국 나는 이사회를 떠났지만 그들은 지금도 여전히 계속하여 모임을 갖고 있는데, 무슨 목적으로 회합하는지 결코 알 수가 없습니다.

목적이 있는 행동이란 질적인 것을 의미합니다. 다음의 세 가지 진술을 생각해 보고, 가능하다면 다음 세 제안을 어떻게 활용할 수 있는지 자문해 보십시오.

1. 연습은 완전하게 만듭니다.
2. 경험은 가장 훌륭한 교사입니다.
3. 우리는 행함으로 배웁니다.

1번에 관하여 말하자면, 연습이 실제로 완전하게 해주는 것은 아닙니다. 그러나 영구적이게 합니다. 비록 당신이 테니스나 골프를 친다 하더라도 잘못된 방법으로 연습을 하고 있다면, 당신은 수년간 연습한다 해도 결코 실력을 향상시킬 수 없을 것입니다. 당신에게는 자세를 바로잡아 준다거나, 손목을 보다 잘 사용하는 방법을 가르쳐 준다거나, 라켓을 보다 잘 잡는 법을 지도해 줄 코치가 필요합니다. 이렇게 코치의 지도를 받음으로써 당신의 실력은 향상될 것입니다. 그러므로 '연습은 완전하게 만든다'보다는 다음과 같이 말해야 옳을 것입니다. 곧, '좋은 지도 안에서 이루어지는 연습이 완전하게 만듭니다.'

 다음으로 2번에 관하여 살펴보면, 경험은 확실히 훌륭한 교사입니다. 그렇다고 마약 같은 것에 중독되었을 때 초래되는 끔찍한 결과를 알기 위해 직접 마약을 사용해 볼 필요는 없습니다. 마약에 중독된 사람들은 어리석게도 그 위험을 모릅니다. 그러므로 본 제안에 대한 보다 나은 진술은 이것입니다. 곧 '올바르게 평가받는 경험이 최선의 교사입니다.'

 내가 3번의 제안에 대해 연구해 본 결과, 이러한 제안을 맨 처음 해준 사람은 플라톤이었습니다. 물론 우리는 행함으로 배웁니다. 그러나 잘못된 것들을 배울 수도 있습니다. 그러므로 본 제안에 대한 보다 나은 진술은 다음과 같습니다. 곧, '우리는 바른 것들을 행함으로 배웁니다'라는 것입니다. 우리는 종종 잘못된 것들을 행함으로 배우는데, 그러한 배움은 유익한 것보다는 다분히 파괴적인 것일 수 있습니다.
 그러므로 배우는 것과 행하는 것 사이에는 직접적인 상관성이 있습니다. 배우는 자가 교육의 내용으로 삼는 것에 심오한 관심이 있을수록 배움에 대한 그의 잠재능력은 그만큼 더 커지게 됩니다. 그러므로 가장 잘 배우는 자들은 바로 직접 참여하는 자들입니다. 이들은 단지 밖에서만 행동을 관전하지 않으며, 직접 그것에 깊이 몰입하므로 철저하게 관여합니다. 이들은 또한 배움에 직접 관계하지 않더라도 밖에서 그 학습을 관심있게 지켜보며, 배우는 자들보다 그 활동을 훨씬 더 즐기는 자들이기도 합니다.

 나는 당신이 성지에 관하여 더 많이 배우기를 원한다면 그것에 관한 세 가지 방법을 제시할 것입니다.

첫째는, 성지에 관한 강의입니다. 이 방법을 그 자리에서 거절하지 마십시오. 나는 이 분야에서 권위자일 뿐만 아니라 수년 동안이나 이것을 연구해 왔습니다. 나는 당신에게 감명을 줄 수 있는 고고학의 역사적인 자료들도 갖고 있습니다.

둘째는, 슬라이드 상영입니다. 나는 성지에 관한 많은 슬라이드 사진과 함께 훌륭한 배경 음악까지 갖추고 있는데, 이 슬라이드의 마지막 장면인 지중해의 일몰 광경은 아주 일품입니다.

셋째는, 당신이 성지 여행에 몸소 나와 동반하여 직접 그곳을 가보는 것입니다.

나는 이 세 가지 방법 중에서 당신이 어느 것을 선택해야 하는지를 안다고 믿습니다.

행함으로 변화한다

행동의 법칙은 아래와 같은 고대 중국의 격언에 의해서 뿐만 아니라 오늘날의 교육 심리학에 있어서도 수많은 연구에 의해 확증되고 있습니다.

나는 듣는다, 그리고 잊어버린다.
나는 본다, 그리고 기억한다.
나는 행한다, 그리고 이해한다.

나는 이러한 격언들에 한 마디 부언해 두고자 합니다. 내 생각으로는, 당신이 행할 때 그 결과는 당신이 이해하는 그 이상의 것입니다. 왜냐하면 행할 때 당신은 또한 변화할 것이기 때문입니다.

심리학자들은 우리가 듣는 것 중 10%만 기억할 수 있는 잠재력을 갖고 있다고 말합니다. 그러나 그것은 단지 잠재적일 뿐이지 실제로 현실에서 나타나는 것은 아니라고 합니다. 사실상 우리가 듣는 것 중 10%를 기억한다면 천재에 속할 것입니다.

그런데 불행하게도 기독교 교육의 대부분이 듣기 위주로 되어 있습니다. 그것이 바로 기독교 교육이 아주 비능률적인 근본 이유입니다.

만일 우리가 듣는 것에 보는 것까지 추가한다면 기억에 대한 잠재력은 50%까지 상승한다고 심리학자들은 말합니다. 이러한 상황을 생각해 볼 때, 교육에 있어 시청각의 도움은 매우 효과적일 수 있습니다. 우리는 시각적인 것이 주가 된 사회에 살고 있습니다. 내가 신학교에서 가르치는 학생들은 대부분이 유치원에서 대학을 졸업하기까지 교실에서 보낸 시간보다는 텔레비전을 보는 데 더 많은 시간을 보내왔습니다. 이것이 대개의 추세인데, 이러한 것은 인간에게 치명적인 것일 수 있습니다. 왜냐하면, 텔레비전에 나오는 것들은 매우 공상적이고 허황된 것으로서 인간의 모든 면에 커다란 영향을 끼치기 때문입니다. 그리고 시각과 청각이 결합되어 있는 효과 때문에 텔레비전을 계속해서 보는 사람들은 그들이 보는 것에 의해 점차 세뇌될 수 있습니다.

보는 것과 듣는 것에 행하는 것을 하나 더 추가하면 어떠한 결과를 낳게 됩니까? 심리학자들은 이러한 결합의 결과로 기억력의 비율을 90%까지 끌어올릴 수 있다고 말합니다. 나는 수년간 교육 기관에서 가르쳐온 경험으로 그것은 틀림없는 사실이라고 확신할 만한 증거를 제공해 줄 수 있습니다.

나는 35년간 신학교에서 강의하는 동안 한 번도 시험을 출제한 일이 없습니다. 이러한 사실은 다른 교수들에게 도전을 주게 되었습니다.

"도대체 당신은 시험을 치루지도 않고 어떻게 가르칠 수 있습니까?"

"그것은 매우 간단합니다. 그것은 학생들에게 꾸준히 적극적으로 배우게 하는 것입니다."

나는 학생들이 교사의 요구대로 어떻게 해서든지 간에 암기할 수 있으며, 시험에서 그 모든 것을 다 써낼 수 있다는 것을 일찍이 알았습니다. 따라서 당신은 그들의 그러한 암기력에 대해서 'A' 학점을 줄 수 있습니다. 그러나 3일 정도 지난 후 그들에게 동일한 시험을 한번 치루게 해 보십시오. 설상 그들의 삶이 시험에 좌우되는 것이라 할지라도, 그들은 똑같은 시험이지만 제대로 합격할 수 없을 것입니다.

그러나 나는 학생들에게 계속적으로 꾸준히 배우는 과정을 공부하는 방법을 가르치고 25년 후에 시험을 보게 했는데, 그들은 나에게서 배웠던, 결코 암기하지 않고도 공부할 수 있는 성경 공부의 법칙들을 여전히 알고 사용하고 있었습니다. 그들은 그것을 사용함으로 배웠던 것입니다. 곧 행동을 통하여 배운 것입니다.

그리스도인의 삶에 있어서도 마찬가지입니다. 예를 들어, 전도하기를 배우는 가장 좋은 방법은 전도에 관한 책을 읽음으로써가 아니라 실제로 전도하는 것입니다.

전도에 관한 책을 한 권이라도 읽어 본 적이 있습니까? 그러한 책들은 대부분이 예증들로 가득합니다. 예를 들면, 한 남자가 비행기를 타고 그의 지정된 좌석에 앉습니다. 15분 정도 후면 그 남자 옆에 앉아 있는 사람이 그리스도를 믿게 됩니다. 30분 정도가 지나면 그 남자가 앉아 있는 줄의 모든 승객이 그리스도를 영접하고 거듭나게 됩니다. 한 시간쯤 지나면 그 비행기에 타고 있는 모든 안내원이 그리스도를 영접합니다. 착륙할 시간이 될 쯤엔 승객 모두가 그리스도를 믿고 구원을 받습니다.

이러한 책을 읽어 본 사람들은 이렇게 생각합니다. '나도 그렇게 할 수 있을까?' 그리고 그들은 그 책에 나와 있는 대로 전도를 해보려고 시도합니다. 그러나 결과는 아무런 효과도 얻지 못합니다. 그들은 돌아가서 이렇게 중얼거립니다.

"나는 전도하는 은사를 받지 못했나 봐."

그러나 그렇지 않습니다. 전도하기를 배우려면 먼저 전도를 행하십시오. 계속하여 전도하는 일에 관여하십시오. 그것이 어떤 것이든지 간에 배우는 최선의 방법이 될 것입니다.

성경에서는 진리와 삶이 언제나 결부되어 제시되고 있습니다. 나는 바울이 디도서 1:1에서 이에 대해 다음과 같이 언급한 것을 즐겨 묵상합니다. "나의 사도된 것은 하나님의 택하신 자들의 믿음과 경건함에 속한 진리의 지식"에서 특히 '경건에 속한 진리' 라는 말씀을 좋아합니다.

예수님은 다음과 같이 말씀하셨습니다.
"귀 있는 자는 들을지어다".
이 말씀을 처음 읽었을 때에 나는 이렇게 생각하였습니다.
'주여, 당신은 저를 놀리고 계심에 틀림없습니다. 당신은 귀를 갖고 듣는 것 외에 무엇을 하시나이까? 귀지를 후비시나이까? 귀걸이를 하시나이까?' 그러나 예수님은 의중에 당신이 생각했던 것보다 심오한 뜻을 갖고 이 말씀을 하셨던 것입니다.

신약에서 나오는 '듣다(hear)'란 단어는 '행하다(do)'로 생각할 수도 있습니다. 왜냐하면, 예수님이 다음과 같이 말씀하셨을 때 이 두 단어를 결합시켜 사용하셨기 때문입니다.

"내 말을 듣고 행하는 자가 나를 사랑하는 자니…… 어찌하여 너희는 나를 주여 주여 부르면서 내가 너희에게 말하는 것들은 행치 아니하느뇨"(눅 6:46).

이 말씀의 뜻은 무엇입니까? 이것은 "나더러 '주여' 라고 부르기를 중단하든가, 아니면 내가 너희에게 요구하는 것을 행하기 시작하라."는 의미입니다.

기독교 교육의 목적은 지식이 아니라 바로 적극적인 순종입니다.

나는 주님과 끊임없이 의논을 하는데, 내가 그분의 말씀을 얼마나 많이 아는가로 그분에게 감명을 주려고 하지만, 그분은 결코 감명을 받지 않으십니다. 도대체 왜 그분이 감명을 받지 않으십니까? 그분의 말씀에 관하여 내가 아는 모든 것은 단지 나에게 계시해 주신 산물이요, 일부분에 불과할 뿐이기 때문입니다. 또한 그분은 내가 예수님을 얼마나 닮지 않았는가를 나에게 부단히 상기시켜 주고 계십니다.

영적인 면에 있어서 무지에 대한 반대는 지식이 아니라 지식에 대한 순종입니다. 그리고 신약의 견지에서 말하자면, 알고도 행치 않는 것은 전혀 아는 것이 아닙니다.

그러므로 주님은 "헨드릭스야, 너는 이것을 이해하겠느냐?"라고 말씀하십니다.

"예, 주님. 저는 이해하옵니다."

이에 대해 주님은 "좋다. 그렇다면 이제는 네가 행동으로 옮길 차례다."라고 말씀하십니다.

의미 있는 행동

다시 한 번 다음과 같은 행동의 법칙을 고찰해 봅시다. 최대의 배움은 최대 참여의 결과입니다. 우리는 이러한 법칙이 다음과 같은 조건에서는 참되다는 것을 앞에서 알아보았습니다. 곧, 배우는 행위는 의미 있는 것이어야만 합니다. 그렇다면 어떤 종류의 행동들이 의미 있는 것입니까?

나는 이러한 질문에 대하여 다섯 가지 해답, 즉 다섯 가지 형태의 의미 깊은 행동을 제시하고자 합니다. 이 다섯 가지 형태의 행동은 당신이 어떤 그룹에서 어떤 학과를 가르치든 간에 유익할 것입니다.

1. 독재적이지 않게 방향을 제시해 주는 행동

학생들에게 배우는 과정에 적극적으로 참여케 하기 위하여는 연구 과제를 낼 때 언제나 그들 스스로 탐구할 영역을 남겨 두어야 한다는 것을 기억해야 합니다. 그들 스스로 탐구하여 문제를 해결하는 것입니다.

나는 종종 학생들에게 성경의 어떤 부분을 연구하여 그것으로부터 원리를 찾아 목록화하도록 과제를 냅니다. 그러면 다음과 같은 반응을 보입니다.

"헨드릭스 교수님, 어느 정도 해야 합니까?"

"나는 모르네. 자네는 얼마나 하기를 원하는가?"라고 내가 물으면,

"저, 하지만 교수님이……."라고 그는 더듬으며 말합니다.

"자네는 학생이네. 자네가 교육비를 내지 내가 내는 것이 아닐세."

나는 이 말로써 모든 학생들에게 일침을 가합니다.

내게 있어서 이처럼 한 학생의 태도를 변화시켜 놓는 데는 대체로 2, 3년이 걸리는데, 이때 그는 비로소 교사가 무엇을 원하는지를 이해하게 됩니다. 이러한 그에게 있어 교육 방식을 버리겠다는 것은 결코 있을 수가 없습니다. 학생들은 자신들의 교육 목적으로 그들 자신을 위해서가 아니라 선생들을 위해 공부하고 있는 것 같습니다.

그러므로 배우는 자에 대한 결정적인 질문은 '선생이 무엇을 원하는가?'가 아니라, '학생이 무엇을 원하는가?' 입니다. 교육은 개별적인 학생으로부터 비롯되어야만 합니다. 선생으로서 당신은 학생들에게 배움을 쏟아부어 줄 수 없으며, 오히려 그것을 학생들로부터 끌어내야만 합니다. 여기서의 '끌어내다'(to draw out)가 바로 교육(education)이란 단어의 어원적인 의미입니다.

나는 신학교 학생들에게 야영 집회를 위한 과목을 가르치는데, 그것은 매우 호기심을 유발시킬 수 있는 재미있는 시간입니다. 우리는 교실

에서 먼저 야영 생활의 규칙을 일독하는 것으로 시작하여 브레이조스(Brazos)강에 나아가 카누 유람 여행을 하게 됩니다.

나는 교실에서 학생들에게 다음과 같이 주의사항을 말합니다.

"여러분, 반드시 주의해야 할 것이 있습니다. 카누를 젓는 가장 기본적인 법칙은 카누는 안에서 밖으로 내젓는 것입니다. 그리고 혹시 카누가 뒤집히더라도 여러분의 소지품이 흐트러지지 않도록 각자의 모든 소지품을 카누 안쪽에 꽉 매어 두어야 합니다. 알겠습니까?"

"예, 교수님. 설명서에 적혀 있습니다."

"여러분이 그 설명을 이해한다니 기쁘네. 하지만 내가 알고자 하는 것은 여러분이 카누 안쪽에 매어 둘 것인가 하는 것일세. 자네는 물에 젖은 침낭에서 자는 것이 어떤지 아는가?"

"네, 교수님. 압니다."

그리고 나서 우리는 브레이조스 강에 가서 열 개의 카누를 물 위에 띄웠습니다. 우리가 물 위에 카누를 띄운 지 3분이 채 못 되어 4대가 물 위에서 허우적댔고, 열 개의 카누 중 세 대가 소지품을 빠뜨렸습니다.

그래서 우리는 젖은 침낭을 휴대한 학생들 때문에 과히 유쾌하지 못한 밤을 새웠습니다.

다음날 아침 모두 식사 준비 시간에 맞춰 일어났습니다. 나는 그들에게 조별로 나누어서 식단을 짜라고 말했습니다.

"여러분의 생각대로 어떻게 짜든 좋습니다. 그렇지만 여러분 각자의 메뉴에 별 차이는 없을 것입니다. 여러분이 요리하는 음식은 어차피 대부분 불에 탄 음식이라 할지라도 먹어 치워 없어질 것이니까요. 그러나 여러분이 무엇으로 메뉴를 결정하든 간에 반드시 필요한 일체의 요리기구를 잘 준비해서 시작하십시오."

그래서 밤에 잠을 설친 학생들은 아침 식사로 팬케이크를 결정하고 만들 준비를 하였습니다. 그러나 안타깝게도 그들은 팬케이크를 만드는

데 꼭 필요한 주걱을 가져오는 것을 잊었던 것입니다. 게다가 그들이 피운 불도 시원치 못했기 때문에 그들은 설익은 끈적끈적한 팬케이크를 먹어야만 했습니다.

당신은 끈적끈적한 팬케이크를 뒤집기 위해서 잔 나무가지를 사용하는 것을 본 일이 있습니까? 케이크의 일부분이 먼저 불 속에 떨어지고, 나머지도 마침내는 중심을 잃고 불 속에 떨어지고 맙니다. 다음부터는 그들 중 누구도 다시는 팬케이크를 굽기 위한 주걱을 휴대하지 않고 야영하러 가지는 않을 것입니다. 이처럼 가르칠 때는 독재권을 사용할 것이 아니라 방향 지시만 해주십시오. 이렇게 하여 배우는 것이 중요합니다.

2. 기능과 적용을 강조하는 행동

학생들에게 배운 것을 즉시 사용하게 하십시오. 이것은 배운 것을 소화하여 사용할 수 있는 그 이상은 가르치지 않는 것이 좋다는 것을 의미합니다.

우리는 저장 탱크 교육(Storage Tank Education)이라 부르는 것을 계속해서 사용해 왔습니다. 이것은 학생들이 우리에게 이 모든 지식을 얻어내고, 지금도 모든 것을 얻으려 한다고 생각하기 때문입니다. 그래서 우리가 가진 지식을 몽땅 쏟아내어 가르치게 됩니다. 이것은 또한 햄버거와 팬 취급법(Hamburger & Fan Treatment)이라고도 불립니다. 당신이 가지고 온 고기를 선풍기 날개에 놓고 돌리면 주변의 모든 사람들이 고기 국물로 세례를 받을 것입니다.

예수님도 마치 그렇게 하셨던 것처럼 생각되지 않습니까? 예수님이 제자들에게 다음과 같이 말씀하셨던 것을 기억해 보십시오.

"보라, 내가 너희와 3년간만 함께 있으려 하노라. 그러므로 이제 이 일을 기록해야 한다."

물론 당신은 이러한 말씀을 기억해내지 못할 것입니다. 왜냐하면, 진리이신 예수님이 실제로 이렇게 말씀하시지는 않으셨기 때문입니다. 예수님은 제자들에게 다음과 같이 말씀하셨습니다.

"내가 아직도 너희에게 이를 것이 많으나 지금은 너희가 감당치 못하리라 그러나 진리의 성령이 오시면 그가 너희를 모든 진리 가운데로 인도하시리니"(요 16:12)라고 말입니다.

3. 계획한 목적을 가진 행동

앞에서 말했듯이, 목적은 결과를 결정합니다.

다음의 내용에 주목해 보십시오. '활동적이나 무익한 일'은 잊으십시오. 배우는 자들을 무의미하고 목적이 없는 활동에 개입시키지 마십시오. 바로 이것이 대부분의 주일학교 교재들이 난로의 불쏘시개로 더 유용하게 사용되는 까닭입니다.

만일 당신이 여러 요구 사항을 필요로 하는 과목을 담당하고 있다면 '나의 목표는 무엇인가?' 하고 자문해 보십시오. 그러한 목표에 관한 책들을 읽거나, 그 목표 달성을 위해 연구하거나, 또는 그러한 목표 달성에 관한 기사를 씀으로써 무엇이 성취될 수 있다고 생각하십니까? 더 많은 글을 쓰고 더 많은 책을 읽음으로 교육을 보다 향상시킬 수 있습니까, 아니면 그러한 필요 사항들을 지금껏 그렇게 인습적으로 시행해 왔기 때문입니까? 이처럼 학문이란 이름으로 행하여지는 많은 것들이 실제로는 무의미할 뿐입니다.

활동적이지만 무익한 일들 가운데는 단지 오락에 불과한 것도 있습니다. 한 학생이 다음과 같은 내용으로 논문을 쓴 적이 있습니다.

"교회가 오락에 불과한 것들에서 언제 벗어나려는가? 나는 오락을 위해 교회에 가지는 않는다. 내가 만일 오락을 원한다면 라스베가스 중심가로 멋진 쇼를 보러 갈 것이다."

나는 인근 교회의 고등학생들을 위한 어떤 프로그램에 깊은 감명을 받은 적이 있습니다. 그것은 학생들에게 부단히 도전을 주는 것으로, 내가 보아온 것 중에서 극히 드문 교회 프로그램들 중의 하나였습니다. 그 교회에 다니는 학생들은 그것을 단지 오락으로만 받아들이지 않으며 그래서 응석받이 아이들로 취급되지도 않습니다.

그들은 해마다 멕시코로 힘겨운 극기 훈련 여행을 갑니다. 그 여행에 참석하는 학생들은 모두 스페인어를 배워야 했고, 이 외에도 많은 조건들이 그들을 극한 상황에까지 이르게 했습니다. 그렇지만 그 학생들은 그것을 좋아합니다. 그들은 25인승 버스를 타고 가야 하기 때문에 선착순으로 접수를 받는데, 지난해에는 이 여행을 가기 위해 87명이나 되는 학생들이 신청을 하였다고 합니다.

4. 결과는 물론 과정과 관련되는 행동

학생들은 자신들이 무엇을 믿는가를 알 뿐 아니라 왜 믿는가도 알아야 합니다.

학생들에게 결과만을 제시하는 것은 우리가 전문적으로 채택하는 교육 방법의 경향인 것입니다. 이렇게 되면 당신은 자신의 한계로 그들을 제한시키는 것이 됩니다. 그러나 그들에게 과정을 제시한다면 당신은 그들을 아무런 제한이 없는 진로로 발전시키는 것이 됩니다. 그렇게 할 때 그들은 실제로 당신을 능가하여 더 능력을 발휘할 수 있게 됩니다.

내가 신학교에 오랫동안 머물러 가르쳐 온 가장 큰 한 가지 이유는, 많은 학생들이 졸업하고 나서는 내가 할 수 있는 것 이상으로 행하는 것을 보는 즐거움 때문입니다. 배운 것을 삶을 통하여 실현해 갈 뿐만 아니라, 자신들이 배운 것을 가지고 내가 일찍이 할 수 있었던 것보다 훨씬 앞으로 전진해 가는 것을 보는 것이 교육의 참된 성취감이라 할 수 있습니다.

어떤 기독 청년 단체에서 조사한 결과를 보면 가치, 도덕과 행위 문제에 있어서 그리스도인 아이들과 비그리스도인 아이들간에 아주 유사하다는 결과로 나타났습니다. 이 두 부류 간의 주된 차이는 언어상의 문제였습니다. 만일 믿는 아이들에게 거짓말을 하는지, 속이거나 훔치거나 어떤 사람과 함께 자는지를 묻는다면 그들은 "아니요"라고 답변하는 데 비하여, 믿지 않는 아이들은 "그것이 나에게 유익이 된다면 물론 하지요"라고 말한다는 것입니다. 그러나 실제로 행위상에서는 본질적으로 아무런 차이가 없습니다.

분명히 말하자면, 그것은 사실입니다. 그러한 결과가 함축하고 있는 것들에 대하여 생각해 보십시오. 우리는 잘못된 것들에 대하여 만족하고 있는 것입니다. 우리는 말로만 믿는 것으로 만족하고 있습니다. 기독교 청년들이라면 요단강을 건너기 위한 모든 수단은 알지만(삿 12:6) 실제 행동으로는 그것들을 행하지 않고 있습니다.

5. 문제 : 해결을 포함하는 실제적 행동

학생들은 어떤 문제에 대한 해답을 찾고 있습니까? 당신의 문제에 대한 해답을 찾고 있습니까? 아닙니다. 학생 자신의 문제에 대한 해답을 찾고 있는 것입니다. 비록 우리 자신의 문제들을 학생들이 해결하도록 교실로 가지고 간다 하더라도 그들은 그러한 문제들을 해결할 권한이 없을 뿐만 아니라, 오히려 잘못된 기독교 신앙을 초래할 위험에 빠지게 됩니다.

우리는 사람들이 갖고 있는 실제 문제들을 해결하는 데 자주 실패합니다. 그러므로 우리는, 그들이 어떠한 상황에 처해 있는가, 어떠한 문제와 싸우고 있는가, 어떠한 시험에 직면해 있는가를 알아야만 합니다. 오늘날 교회에는 많은 사람들이 늘어나는 데 비해 도덕적으로는 점점 더 타락해 가고 있습니다. 그런데도 우리는 이에 대하여 얼마나 언급하고 있으며, 얼마나 가르치고 있습니까? 우리는 도덕 문제에 대한 성경의 가르침에 대하여 얼마나 많은 시간을 투자하여 가르치고 있습니까?

그러므로 이제는 그러한 활동을 활발히 진행시키고, 사람들의 마음을 살펴서 난관을 극복하는 비법을 찾아내십시오. 그러나 그러한 문제를 부정한 방법으로 해결하려 해서는 안됩니다. 나는 어느 교사가 다음과 같이 말하는 것을 여러 번 들었습니다.

"여러분, 여러분은 무엇을 원하지요? 여러분의 삶을 위하여 평안, 만족, 성취, 성공이 따르는 하나님의 뜻을 원하나요, 아니면 비참함, 가난과 공허함이 따르는 여러분 자신의 뜻을 원하나요?"

우리는 죄가 얼마나 많이 발생할 수 있는가에 대하여는 결코 생각해 오지 않았던 것입니다.

계속하여 나아감

앞에서 '배움은 과정이다' 라고 말한 것을 기억할 것입니다. 학생들에게 고작 하나의 경험담이나 들려 주고는 다음과 같은 식으로 말하지 마십시오.

"음, 여러분 이제 이해하셨지요. 이것을 잘 기억해 두십시오. 이제 내가 여러분에게 이 외에 더 무엇을 가르칠 수 있겠습니까?"

복음서는 예수님과 제자들이 5천명을 먹이셨던 이적에 대하여 말해 주고 있습니다. 그 이야기는 우리도 익히 아는 것입니다. 예수님은 보리떡 다섯 개와 물고기 두 마리밖에 없었지만, 그것을 가지고 여자와 어린아이들 외에도 5천명을 흡족히 먹이실 수 있으셨습니다. 모든 사람이 만족하게 먹고 난 후 나머지 열 두 바구니를 거둠으로써 처음에 시작했던 것보다도 더 많은 음식을 남겼던 것입니다. 실로 놀라운 이적이었습니다. 그러나 조금 더 나아가서 우리는 다음과 같은 말씀을 읽게 됩니다.

"제자들은 떡에 대하여 깨닫지 못하였더라"(막 8:17-18).

복음서에는 4천명을 먹인 기사가 나옵니다(막 8:1-9). 이때에는 제자들이 떡 일곱 개와 작은 생선 두 마리로 시작하였습니다. 그때도 역시 모두 배불리 먹고 일곱 광주리가 남았습니다.

그 다음 구절에서 우리는, 예수님이 이러한 이적들로 인하여 제자들이 배우기를 원하셨는데 그들은 여전히 깨닫지 못하였다는 것을 읽어 볼 수 있습니다(마 16:8-12). 이때에 예수님이 다음과 같이 말씀하셨습니다.

"너희는 기억하지 못하느냐? 내가 5천명을 먹여 주려고 떡 다섯 개를 각각 떼어 주었을 때 너희가 몇 광주리의 부스러기를 주웠더냐?"

그러자 제자들이 말했습니다.

"열 두 광주리입니다."

"그러면 떡 일곱 개로 4천명을 먹였을 때에는 주운 것이 몇 광주리였느냐?"

제자들이 대답하였습니다.

"일곱 광주리입니다."

이때 예수님은 그들에게 말씀하셨습니다.

"어찌하여 너희는 깨닫지 못하느냐?"

예수님이 물 위로 걸으시던 사건을 상기해 보십시오(막 6:45-52). 여기에 배를 타고 가는 직업적인 어부들이 있는데, 그들은 유령같이 걸어 오시는 예수님을 보고 몹시 놀라게 됩니다. 그때 예수님이 그들에게 "내니라"고 말씀하십니다.

베드로가 그 특유의 입버릇으로 "주여 만일 주시거든 나로 오라 명하소서"라고 말합니다. 이에 대하여 예수님이 "오라"고 말씀하십니다. 뱃전에서 바다 위로 뛰어내리는 것은 베드로가 일찍이 했던 가장 어려운 일들 중 하나였을 것입니다. 그러나 그는 바다 위로 뛰어 내렸고, 그의 모습을 보고 있던 빌립과 안드레가 배 뒷전에서 "이봐, 베드로가 바다 위로 가는 것을 보라구!"라고 말하고 있었을 것입니다. 이때 빌립이 외칩니다. "베드로야, 파도 조심해!" 베드로는 순간 파도를 보자 그만 겁에 질려 물에 빠집니다. 바로 그때 베드로는 가장 아름답고 간결한 기도를 다음과 같이 하였습니다.

"주여 나를 구원하여 주소서."

당신은 이 기도에서 단 하나의 단어도 무시할 수 없습니다. 만일 베드로가 보통 기도 모임에서 하는 것처럼 기도를 했더라면 무슨 일이 일어났으리라고 상상합니까? 베드로가 그러한 기도를 끝냈을 때는 이미 바다 속으로 20피트는 가라 앉았을 것입니다.

나는 이제 당신에게 다음과 같이 묻겠습니다. 당신은 베드로가 배 안으로 어떻게 돌아왔다고 생각합니까? 당신은 예수님이 그를 안고 오셨다고 생각합니까? 아니 그렇치 않습니다. 그는 걸어서 되돌아 왔습니다. 이때에 그는 시선을 주님으로부터 결코 떼지 않았다고 나는 확언하는 바입니다.

나는 종종 어떤 사람이 베드로처럼 잠시 물 속에 빠졌었지만 주님께 간구하여 다시 물 위로 걸어 나오는 것을 보았습니다. 그는 이제 자신이 한때 빠져 있던 죄악에서 자기 스스로의 힘으로는 도저히 빠져 나올 수 없다는 것을 깨닫습니다. 주님이 그러한 사랑을 그에게 입증하여 주신 것은 바로 그의 실패를 통해서였습니다.

가장 위대한 선생이신 예수님의 생애를 연구해 보면, 그분은 제자들의 머리 속을 신학적인 지식으로 가득히 채워 넣어 주지 않으셨다는 것을 명백히 알 수 있습니다. 그분은 후에 이방 세계가 "이들은 세상을 뒤엎어 놓아온 자들이다"라고 증언하지 않을 수 없도록 제자들을 훈련시키셨습니다. 이것이 바로 금세기가 끝나가는 지금에 있어서 기독교 교육에 대한 최대의 도전입니다.

생각해 봅시다
(개인적인 평가 및 다른 교사들과의 토의에 대한 질문)

1. 당신의 학생들은 배우는 과정에 얼마나 포함되어 있습니까(실제로 얼마나 포함되어 있는가)? 당신은 학생들이 어느 과정에 가장 꾸준히 참여하는 것으로 보입니까? 그리고 왜 그들이 그렇게 열심이라고 생각합니까? 학생들이 어느 교육 과정에 가장 소극적으로 참여하는 것처럼 보입니까? 그러면 왜 그들이 그러한 과정에 꾸준하게 참여하지 않는다고 생각합니까?

2. 마음속으로 학급에서 대표적인 세 학생을 골라 그들이 어디서든 가장 즐기리라고 생각하는 행동의 종류들을 목록화 해보십시오. 그 목록들은 배우는 과정이 학생들에게 얼마나 효과적이 될 수 있었고, 또 재미 있었는가에 대하여 당신에게 어떠한 자료들을 제공해 줍니까?

3. 당신은 효과적인 학습에 장애가 되는 행동들에 대하여 어떠한 사례들을 생각할 수 있습니까?

제 4 장

전달의 법칙

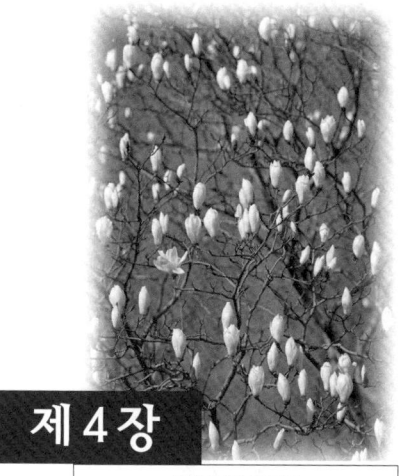

- 다리를 놓아줌
- 생각, 느낌, 행동
- 언어에 의한 방법
- 전달 방법을 개선하라
- 산만함
- 피드백(Feedback)
- 생각해 봅시다

호의에 의해, 그리고 실례를 들어 주면서,

모든 방법을 동원하여 학습자의 마음에 흥미를 유발시키고

그들의 생각을 자극하는 것이 교사의 임무입니다.

가장 위대한 선생은 이렇게 말했습니다.

"씨는 말씀이니라."

진정한 선생은 땅을 일구고 씨를 뿌립니다.

- 존 밀튼 그레고리 -

말콤 뮤거릿즈(Malcolm Muggeridge)는 의사 전달에 관한한 거의 모든 책에서 공통적으로 주장되는 놀라운 특징, 즉 '의사 전달에 있어서 각자의 무능함'을 지적하였습니다.

얼마 전에 나는 의사 전달 과정에 관한 850페이지에 이르는 방대한 책을 한 권 읽었는데, 만일 당신이 불면증과 같은 문제로 고통을 겪고 있다면 이 책을 한번 읽어 보십시오.

의사 전달이란 결코 쉽게 이루어지는 것이 아닙니다. 만일 의사 전달이 얼마나 어려운 일인지를 알고 있다면 당신은 더욱 지혜를 모아 기도하고, 더 열심히 연구하며 행할 뿐 아니라, 보다 깊이 하나님을 신뢰하는 것을 배울 것입니다.

시카고에 있는 한 회사는 2백만 달러의 이익을 본 후 1년 만에 파산하고 말았습니다. 그 이유는 자신들이 어떤 일에 종사하고 있는지를 이해하지 못했기 때문입니다. 그 회사에서는 머리핀을 생산하고 있었는데, 그들은 자신들이 사람들의 머리를 보호하는 대단히 중요한 직업에 종사하고 있다고 생각한 것이 아니라 겨우 머리핀이나 만드는 일을 하고 있다고 하찮게 생각하였습니다. 그렇기 때문에 여성들이 그 머리핀을 사용하지 않자 곧바로 그 회사는 끝장나게 되었던 것입니다.

그러므로 우리는 자신이 어떠한 일에 종사하고 있는가를 잊지 말아야 합니다. 우리는 의사를 전달하는 일에 종사하는 사람들입니다. 이 일이야말로 교사로서 우리가 존재하는 진정한 이유입니다.

다리를 놓아줌

의사 전달(communication)이라는 말은 '공통의', '공공의', '일반적인' 등을 의미하는 라틴어 컴뮤니스(communis)에서 유래되었습니다. 우리는 의사를 전달하기 이전에 먼저 공통점이 있다는 것을 확인해야 합니다. 왜냐하면 공통점이 클수록 전달의 가능성도 그만큼 커지기 때문입니다.

여기서 마이크(Mike)라는 사람의 실례를 들어 보겠습니다. 마이크와 그의 아내 베쓰(Beth)는 슬하에 아들 둘, 딸 둘을 두고 행복한 결혼 생활을 하고 있었습니다. 마이크는 교회에서 장년부를 맡아 가르쳤습니다.

그의 반에는 메리(Mary)라는 이혼녀가 있었는데, 그녀는 두 아들을 키우며 살아가고 있었습니다. 이렇게 남편과 이혼하고서 아이들과 함께 어려운 살림을 꾸려가는 사람은 메리뿐만이 아니었습니다. 그래서 마이크가 교사로서 해야 할 주된 임무는 이들의 삶에 동참하는 것이었습니다. 그러나 마이크는 자신의 처지와 이들의 처지가 너무나 달랐기 때문에 이질감을 느끼지 않을 수 없었습니다. 이 부부가 자신들과 메리의 생활에서 더 많은 공통점을 찾아내고 메리가 직면해 있는 문젯거리를 이해하기 위해서는 그녀와 많은 시간을 보내야만 했습니다. 그들은 메리와 그 두 아들을 바베큐 파티에 초대하여 함께 대화하는 시간을 가졌습니다. 또 얼마 후에는 마이크가 자기 아이들과 메리의 아들들을 데리고서 낚시하러 가기도 했고, 메리에게는 베쓰가 교향악 음악회에 같이 가자고 초대하였습니다.

이러한 과정을 통해 마이크와 베쓰는 메리와의 공통점을 하나하나 만들어 갔습니다. 마이크가 주일 아침마다 메리와 함께 대화를 나누는 것도 이런 이유 때문입니다. 마이크는 이제 그녀와 대화할 때 그녀의 말을 잘 들어 주고 이해하며 교제하는 일에 익숙해져 있습니다.

이러한 경우에 해당하는 예가 바로 요한복음 4장에 나오는 예수님과 사마리아 여인의 만남입니다. 이 두 사람이 가지고 있는 공통점은 무엇입니까? 그것은 곧 두 사람 모두가 목이 마른 상태에 있다는 것이었습니다.

예수님이 한 사마리아 여인에게 "내게 물을 좀 주려느냐?"고 요청하셨습니다. 그녀는 깜짝 놀랐습니다.

"당신은 유대인으로서 어찌하여 사마리아 여자인 나에게 물을 달라 하나이까?"

여기서 예수님은 모든 주도권을 갖고 계시면서도 이런 모습을 전혀 드러내지 않으시고 오직 의사 전달을 위하여 인종, 종교, 성(性), 사회 계층, 도덕 등의 모든 장벽을 무너뜨리셨습니다.

이런 것이 바로 교사의 임무이며, 우리 모두가 해야 할 일입니다. 의사 전달은 인격과 인격 사이에 다리를 놓아가는 과정입니다. 의사 전달의 법칙은 그와 같은 과정을 반드시 거쳐야만 합니다. 따라서 정보를 참되이 전하는 것은 다리를 놓아가는 것을 의미합니다.

몇 년 전에 나는 숙모님을 복음 전도 집회에 모시고 갔었는데, 내가 숙모님에게 설교를 들려 드린 것은 이때가 처음이었습니다. 복음 전도자는 메시지를 마무리하면서 "여러분 모두 일어서기 바랍니다"라고 말했습니다. 사람들은 그의 말에 따라 일제히 일어섰습니다. 그러자 그는 또 이렇게 말했습니다. "이제 그리스도인은 모두 앉으시기 바랍니다."

숙모님의 표정을 주시해 보았더니, 눈동자는 즉시 굳은 표정으로 변하였고 입 언저리는 분노와 곤혹스러움으로 일그러졌습니다.

그 후 다시 숙모님이 복음을 듣게 하는 데는 3년이나 걸렸는데, 이때에 숙모님이 교회에 오게 된 것은 단지 내가 목사로서 복음을 전하는 입장에 있었기 때문이었습니다. 이때 숙모님은 "너야 물론 나한테 그런 장난 하지 않겠지"라고 말하였습니다.

믿지 않는 사람들이 교회에 나가는 것에 대하여 어떻게 느끼는가를 우리는 알고 있어야 합니다. 그들은 교회에 들어오기를 몹시 겁내고 있는 불쌍한 사람들입니다.

생각, 느낌, 행동

나는 이 까다로운 의사 전달 과정을 좀더 이해하기 쉽게 설명하려고 합니다. 그러나 당신이 이러한 과정에 숙달되고 이것을 완전히 자기 것으로 만들기 위해서는 나의 설명을 듣는 데서 그치는 것이 아니라 당신 스스로 연구해야만 합니다.

모든 의사 전달은 지식, 감정, 의지라는 세 가지 기본 요소를 갖습니다. 이것을 다른 말로 표현하자면 생각, 느낌, 행위라고 할 수 있습니다. 내가 아는 것, 내가 느끼는 것, 그리고 내가 행하고 있는 것이 바로 전달의 구성 요소라는 것입니다.

만일 내가 무엇인가를 철저히 알고, 그것을 깊이 느끼며, 일관성 있게 행하고 있다면 나는 탁월한 전달자가 될 잠재력을 충분히 갖고 있는 것입니다. 내가 어떤 것에 대해 철저히 알수록, 내가 그것을 깊이 느낄수록, 그리고 내가 그것을 일관성 있게 행할수록 전달자로서 나의 잠재력은 그만큼 더 커지는 것입니다. 하지만 이 세 가지 구성 요소는 동시에 존재해야만 합니다.

나는 상품이 아니라 개념과 사상을 팔고 있다는 것 외에는 외판원이나 다름없습니다. 내가 전달하고자 하는 것에 대해 실제로 잘 알고 있어야 하고, 그것이 정말로 가치가 있다는 것을 깊이 확신해야만 하며,

그것들을 내가 개인적으로 사용하고 있어야만 합니다. 또한 그것을 통해 내가 큰 효과를 보아야 합니다. 이것이 의사 전달을 위한 기초 원리입니다.

성경의 권위와 영감을 믿는 그리스도인인 우리에게는 계시로 주어진 진리, 곧 세상에 전해야만 할 진리가 있습니다. 그러므로 우리는 메시지를 임의로 꾸며내서는 안됩니다. 우리는 그 진리를 단지 그대로 선포해야만 합니다. 그런데 이 진리는 그리스도인들에게 있어서 가장 귀한 것이면서도 그것을 전달하는 데 많은 문제가 드러나는 것이 사실입니다.

그 이유는 무엇입니까? 그것은 우리들 대부분이 메시지를 오직 지적으로만 전하는 것으로 만족하기 때문입니다. 우리는 너무나 지나치게 말에만 의존합니다. 우리는, 만일 우리가 사람들에게 올바른 것을 말해 준다면 자동적으로 그들의 문제가 해결되리라고 확신하는 것입니다. 우리는 감정적이며 의지적인 면, 즉 전달의 구성 요소 중 느낌과 행동을 통하여 전달하는 데 너무나 약합니다.

내가 감정을 언급하는 순간 여러분의 신경이 조금 날카로워졌을지도 모르겠습니다. 여러분은 내가 '감정주의'(emotionalism)에 대하여 말하고 있다고 생각하겠지만, '감정주의'는 감정이 통제력을 잃은 상태를 말하는 것으로, 이는 반드시 경계해야 합니다. 통제력을 잃는 것은 어느 경우든 위험합니다. 그러나 자기 스스로 조절하고 통제하는 감정은 "하나님이 세상을 이처럼 사랑하사 독생자를 주셨으니"와 같이 '용기'라고 표현할 수 있습니다.

가장 효과적으로 전달하기 위해서는 언제나 감정적인 요소, 즉 느낌과 흥미 이 두 가지가 포함되어야 합니다. 만일 내가 하나님의 영원한 진리인 말씀에 깊이 빠져 있다고 스스로 주장한다면, 그것이 나의 가치관에서, 내가 소중히 여기는 것에서, 내가 시간과 돈을 투자하는 것에서, 그리고 내가 흥미로워하는 것 등에서 드러나야만 합니다. 그러므로 중요한 것은 당신 자신이 무엇에 관심과 흥미를 느끼느냐 하는 것입니다.

내 이웃 중에 모든 여가 시간을 자신의 보트를 닦는 데 사용하는 사람이 있었습니다. 내가 지나갈 때마다 그는 "여보게, 안녕하신가? 이리 와서 내 보트 좀 보게나!"라고 말을 건넸습니다.

그런데 어느 날부터인가 그는 나에게 자기는 38벌의 외투를 갖고 있다고 말하였습니다. 그의 마음은 온통 옷에 쏠려 있었습니다. 만약에 그에게서 옷에 대한 관심을 빼앗는다면, 그것은 공허한 삶, 고통스러운 삶을 잊게 해주는 마취제를 제거하는 셈이 될 것입니다.

당신은 어떠합니까? 무엇에 흥미를 느끼십니까? 가르치는 일에서 그것을 찾고 있습니까?

내가 이와 같이 말하는 것은 잔인하기 때문이 아니라 정직하게 말하지 않을 수 없어서 입니다. 만일 기독교 교육에 종사하는 사람들이 모두 생계를 위해 외판원이 되어야 한다면 그들 중 대다수는 굶어죽고 말 것입니다. 우리는 영원한 진리를 가르치고 있으면서도, 마치 그것이 식어버린 감자 요리인 것처럼 전해 주고 있습니다.

어떤 사람이든 세상에서 가장 중요하게 생각하는 것은 최우선 순위에 놓습니다. 즉 순위를 정해 놓은 것 가운데 제1위를 차지하는 귀중한 것입니다. 제1위로 정한 것은 그의 마음속으로만 그렇게 인정하는 것이 아닙니다. 만일 우리가 전하는 메시지를 실제로 절대적이고 감격스러운 것으로 믿고 또 그렇게 느낀다면, 밖으로도 그것이 은연 중에 나타날 것입니다.

예컨대, 이때에 당신은 자연스럽게 우러나오는 몸짓을 하면서 메시지를 전할 수도 있습니다. 공적인 연설에 관하여 다룬 많은 종류의 책들이 청중을 사로잡는 효과적인 몸짓들에 관한 자료를 제공해 주겠지만, 이런 방면에서 가장 탁월한 권위자 하더라도 자연스럽고 기분 좋게 사용하는 몸짓보다 더 좋은 방법을 가르칠 수는 없을 것입니다. 그러나 만일 당신이 자신이 전하는 메시지를 감격스럽게 느끼지 못하면서 몸짓을 사용한다면, 그것은 의사 전달을 부자연스럽게 할 뿐입니다. 당신이 느끼는 모든 것은 행동으로 나타나며, 사람들은 바로 당신의 그런 행동을 통하여 당신의 마음을 볼 것입니다.

만일 당신이 실제로 자신이 전하는 메시지를 감격스러운 것으로 느낀다면, 당신은 이따금 미소를 짓기도 할 것입니다. 인생은 우리가 즐길 수 있을 정도로 깁니다. 불행히도 일찍 죽은 사람들은 하늘나라에 가서 하나님으로부터 다음과 같은 말을 들을지도 모릅니다. "너는 삶의 기쁨을 충분히 누리지 못했구나. 나는 진실로 네가 그토록 어두운 삶을 살지 않기를 바랐는데"라고 말입니다.

나는 가는 곳마다 겉만 번지르하게 살고 있는 그리스도인들을 많이 만났습니다. 그런 사람들의 표정은 예레미야 애가서의 권두 삽화처럼 행복한 것같이 보입니다. 내가 안부를 물으면, 그들은 "예, 어떠한 상황에서도 나는 매우 행복합니다."라고 대답합니다. 그러면 나는 "도대체 당신은 거기서 뭘하고 있는데 그렇게도 행복하다고 하십니까?"라고 묻습니다.

우리는 진리를 감격스럽게 느끼지 못할 뿐더러 진리로 인하여 우리의 행위가 변화되는 경험은 더욱 하지 못하였습니다. 고린도후서 5:17에서 우리는 그리스도 안에 있는 자마다 새로운 피조물이라는 말씀을 읽어볼 수 있는데, 우리는 이 말씀을 성장의 첫 단계로 이해합니다. 그렇다면, 예수 그리스도께서는 당신의 가정에서 어떠한 변화를 일으키고 계십니까? 당신은 아버지로서 혹은 남편으로서 전보다 나아졌습니까,

아니면 이전과 별 다른 점 없이 여전합니까? 만일 그리스도인으로서 이전과 다른 어떤 차이점이 없다면, 그것은 신앙이 아닙니다.

직업에 대하여 당신은 어떻게 생각하고 있습니까? 어떤 사람이 나에게 자신을 소개하기를 기독 실업인이라고 했는데, 그는 사업을 하면서 속임수를 쓰고 있었습니다. 나는 그에게, 그리스도인으로서 그러한 행동을 어떻게 생각하느냐고 물었습니다. 이에 대해 그는 다음과 같이 말하였습니다.

"헨드릭스씨, 당신은 이해하지 못하시는군요. 나는 사업을 하고 있습니다. 사업을 하는 사람들의 세계에서는 그러한 일은 정상적인 행위입니다."

이 말을 듣고서 나는, "이봐요, 당신에게 한 가지 말씀드릴 것이 있습니다. 비록 사업은 하고 있지만 당신은 기독교인입니다. 비기독교인과 똑같이 행동하지 마십시오."라고 충고했습니다. 그는, "성경 어디에서 그렇게 말하고 있습니까?"라고 말하고는 그 구절이 어디에서 나왔는지를 찾고 있었습니다.

다음과 같은 사실을 우리는 반복하여 상기할 필요가 있습니다. 즉, 우리가 어떤 사람이냐 하는 것은 우리가 무엇을 말하거나 무엇을 한다는 것보다 훨씬 더 중요합니다. 하나님의 방법은 언제나 성육신적입니다. 하나님은 인격체인 사람을 통해 진리를 나타내길 좋아하십니다. 하나님이 한 개인을 타락한 사회의 한복판에 보내시면 그 사람은 자기가 알고, 느끼고, 행하는 것을 통해 하나님의 은혜와 능력을 그 타락한 사회에 분명히 나타내게 됩니다.

수년 전 텍사스로 처음 이사 갔을 때, 나는 다음과 같은 격언을 인용하여 말한 적이 있습니다. "당신이 말을 물가로 인도할 수는 있지만 그 말에게 억지로 물을 마시게 할 수는 없습니다." 그러자 뒤에서 키가 큰 한 서부 텍사스 사람이, "이봐요. 당신의 말은 틀렸어요. 말이 갈증이 나서 물을 찾게끔 소금을 먹일 수 있잖아요."라고 대답하였습니다.

한 가지 물어보겠습니다. 자기 스스로 하나님의 말씀을 마시기를 기다릴 수 없을 만큼 목말라 하는 자들이 당신의 가르침에서 멀어지고 있지는 않습니까?

그러므로 가르칠 때마다 다음과 같이 자문해 보십시오.

"나는 무엇을 알고 있으며, 학생들이 무엇을 알기를 원하는가? 나는 무엇을 느끼며, 그들이 무엇을 느끼기를 원하는가? 나는 무엇을 하고 있으며, 그들이 무엇을 하길 원하는가?"

황금률을 가르친다고 가정해 봅시다. 그것은 학생들로 하여금 마음속으로 다음과 같은 결단을 내리게 하는 것은 아닙니다.

"이제부터 황금률대로 실천해야지. 나는 황금률에 관해서 잘 알고 있으니까 자동적으로 그 말씀을 실천하게 될거야."라고 말입니다.

그러면, 황금률이 의미하는 것은 무엇입니까? "사람들이 너희에게 하기를 바라는 대로 그들에게 행할지니라"란 말이 실제로 내포하고 있는 의미는 무엇입니까? 반 학생들에게 다음 질문들을 함께 생각해 볼 수 있도록 지도해 보십시오.

• 황금률은 우리 또래의 연령이나 경험, 문화 등을 감안하여 생각할 때 어떻게 이해할 수 있는가?
• 우리는 황금률에 대하여 어떻게 느끼는가? 그것이 실천하기 쉽게 느껴지는가, 아니면 너무 심한 요구로 느껴지는가?
• 우리는 황금률대로 살아야 할 때 어떤 반응을 나타내는가? 왜 우리는 계속해서 우리의 방식대로 사는가? 솔직하게 이야기를 나눠보자. 다른 삶의 방식은 없는가?
• 끝으로, 우리가 황금률을 적용할 수 있는 특별한 방식들을 찾아

보자. 일주일 동안 황금률을 어떻게 실행에 옮길지 그 목표를 세워 보자. 그리고 일주일 후 우리가 다시금 함께 모이게 될 때 성공했던 일과 실패했던 일, 우리가 황금률을 적용함에 있어 어떻게 실패했으며, 왜 실패했던가를 서로 토론해 보자. 황금률을 실생활로 실현하기란 그리 쉽지 않지만 그것은 분명히 실행할 가치가 있다.

언어에 의한 방법

지금까지는 마음속에서 깊이 느끼면 그것이 모든 행동을 지배한다는 것에 대하여 살펴보았습니다. 이제 다음 단계로 개념, 느낌, 행동을 말로 옮기는 것에 관하여 살펴봅시다.

언어는 기호입니다. 우리는 이 기호를 가지고 특별한 순서, 즉 구문과 문법에 따라 조직적으로 배열하여 의사 전달의 도구로 삼습니다. 그러나 우리가 언어에 매여 있을 수는 없습니다. 기호 혹은 언어는 우리가 이해하려고 하는 그 자체가 아닙니다. 우리가 전하려는 메시지는 언어 메시지가 아니라 생활 메시지입니다. 우리는 삶을 살고 있는 것입니다. 불신자들은 우리의 말에는 진저리를 느끼지만, 진리와 실재에 대하여는 필사적으로 갈망합니다. 만일 그들이 우리가 그것을 갖고 있다고 느낀다면 그들은 우리의 문 앞에 줄지어 서게 될 것입니다.

하지만 언어도 그 나름대로의 가치가 있습니다. 사람들은 간혹 나에게 말로 전도하는 것이 더 중요한지, 아니면 생활로 전도하는 것이 더 중요한지에 대하여 질문을 하는 경우가 있습니다.

이때 나는 그들에게, "질문을 하나 하겠습니다. 비행기 타 보셨지요?"라고 묻습니다.

"그야 물론이죠."

"자, 그렇다면 그때에 당신에게는 오른쪽 날개가 중요합니까, 아니면 왼쪽 날개가 중요합니까?"

만일 생활을 통한 전도가 충분한 것이었다면, 예수 그리스도께서 세상에 계신 동안 그분을 만났던 사람들은 틀림없이 모두 개심하게 되었을 것입니다. 그분은 완전한 삶을 사신 유일한 분입니다. 그러나 그분 역시 메시지를 언어로도 전하셨습니다.

의사 전달은 말하기와 쓰기 같은 언어와 행동 같은 비언어에 의해 이루어지는데, 이 두 형식은 서로 조화되어야 합니다. 즉, 말하는 것이 겉으로 드러나는 행동과 일치해야 한다는 것입니다. 예수 그리스도께서는 자신이 말한 것과 모순되는 일은 결코 행하신 적이 없습니다. 그분의 행위와 말씀은 언제나 완전한 조화를 이루었습니다.

당신은 선생으로서 학생들에게 "여러분도 알다시피, 나는 참으로 여러분에게 관심을 갖고 있습니다. 진실로 나는 여러분을 사랑합니다."라고 얼마든지 말할 수 있습니다. 그러나 만일 당신이 준비를 제대로 하지 않고 학생들을 가르치며, 교실 밖에서 그들과 대화할 시간을 갖지 않는다면 언어상으로 전달되는 메시지가 아무리 감동적이더라도 비언어상의 메시지로 인하여 오히려 역효과를 낼 수도 있는 것입니다.

그런데 어떤 조사에 의하면 우리가 다른 사람들에게 의사를 전달하는 방법 중 언어(말)가 차지하는 비율이 7%에 불과하다는 결과가 나왔습니다. 만일 당신이 맥도날드 부인같이 여기서 수다를 떨고, 저기 가서 수다를 떨고, 가는 곳마다 수다를 떠는 사람이라면 이러한 조사 결과를 받아들이기 어려울지도 모릅니다.(여기에 평신도들에게 경고할 말이 있습니다. 당신은 허락 없이 설교하는 죄를 범할지도 모릅니다. 이를 조심하십시오. 그렇지 않으면 목사 총회에서 당신을 추적할지도 모릅니다.)

그러므로 교육을 할 때는 내용과 전달 방식, 실제와 형식, 무엇을 가르치는가와 그것을 어떻게 가르치는가 사이에 적절한 균형이 이루어져야 합니다.

당신은 메시지의 성격에 맞춰 전달 방법을 택하고 있습니까? 당신은 아무 가치도 없는 것들을 온갖 미사여구를 동원하여 표현하고 싶어하지는 않겠지만, 교육 내용과 그 방법이 적절하게 조화를 이루지 않는다면 예수 그리스도의 놀라운 진리를 형편없는 방법으로 망쳐버릴 수도 있으니 주의하십시오..

전달 방법을 개선하라

다음과 같은 과정을 고찰해 봅시다. 우리는 개념이나 느낌, 행동을 언어를 통하여 전달하는데, 이때에는 두 가지 곧 준비와 표현력이 요구됩니다.

1. 준비는 타인에게 가장 명확하게 의사를 전달하게 해주는 최상의 방편입니다

이 단계에서는 메시지에 형식과 특징을 갖추어야 합니다. 또한 메시지를 적절하게 구조화시켜야 합니다. 다시 말해서 메시지를 듣는 대상이 어른이냐, 아이들이냐 또는 남자냐, 여자냐에 따라 메시지를 달리 구성해야 합니다.

도입 부분은 청중을 사로잡을 만한 특별한 것으로 준비해야 합니다. 이때에는 질문이나 인용문, 또는 어떤 사건이나 그들의 삶에서 관심을 끌 만한 재료를 선택하는 것이 좋습니다.

만일 내가 다음과 같은 식으로 이야기를 시작한다면 어떠하겠습니까? "나는 오늘 여러분에게 서두로 예화를 한 가지 들고자 합니다. 이것은 매우 중요한 예화입니다. 사실 이것은 나에게 실제로 많은 의미를 주었습니다. 바로 며칠 전에 나는 구약을 읽고 있었는데, 그 말씀이 마치 처음 대하는 말씀같이 느껴졌고 나를 사로잡았습니다. 그래서……." 이런 식으로 말을 시작했다면 여기에 무슨 내용이 담겨 있겠습니까? 실상은 아무 것도 말하지 않은 셈입니다.

이렇게 서론을 시작해 보십시오.

"엘리사가 도단에 거하고 있었습니다. 그는 어느 날 아침 일찍 일어나 도단의 소식을 들으러 나갔는데, 거기서 그는 무시무시한 광경을 목격하게 되었습니다."

서두를 이렇게 시작했다면 당신은 이미 이야기의 핵심으로 돌입한 것이며, 학생들은 당신의 이야기에 관심을 집중시킬 것입니다.

물론 아무리 훌륭한 서론이라도 나머지 시간 동안 말하려는 내용과 그 방법이 그저 그렇다면 효과가 감소될 것입니다. 내 판단으로는, 만일 전하는 자가 자신이 말하려는 바를 어떻게 전해야 할지를 좀더 잘 안다면 거의 모든 메시지는 그 길이가 적어도 4/1은 짧아질 수 있으며, 대개의 경우는 그 이상도 줄일 수 있습니다.

결론은 서론이나 본론에 비해 구성상 가장 짧아야 합니다. 그런데 설교자들은 설교를 끝맺어야 할 시간에도 계속하여 질질 끄는 경우가 많습니다. "마지막으로…… 그리고 결론으로…… 그리고 게다가…… 그리고 하나님이 이 진리의 말씀으로 여러분의 마음에 축복해 주시기를……." 결론을 이렇게 질질 끄는 것은 "나는 설교를 어떤 식으로 끝내야 할지 도무지 모르겠습니다"라고 말하는 것이나 마찬가지입니다.

본론에 들어가면 실제적이며 시각적인 자료나 예화를 자주 사용해야 합니다. 예화는 빛을 들어오게 하는 창문과도 같은 것으로, 예화를 통해 청중들은 "아, 이제 알았다!"하며 쉽게 이야기를 이해하게 됩니다. 예화를 들 때는 다른 사람들로부터가 아니라 당신이 가르치고 있는 사람들의 생활 주변에서 끌어내십시오. 즉, 그들이 처해 있는 상황에서 예화의 재료를 고르십시오. 그렇게 하기 위해서는 먼저 당신이 그들을 잘 알아야 하며, 바로 지금 그들이 어떤 생각을 하며 무슨 마음을 품고 있는지에 대하여도 민감해야 합니다.

평신도를 가르칠 때 나는 그들과 함께 아침이나 점심 식사를 하면서 간단한 질문을 하곤 합니다.
"뭐, 어려운 것은 없습니까? 여러분이 직장에서 직면하는 문제들은 무엇입니까?"
이 정도만 해놓고 나는 그들의 대답에 귀를 기울입니다. 그리고 할 수 있는 한 최선을 다하여 많이 기록합니다. 이 사람들이야말로 진정한 나의 선생들이요, 스승이기 때문입니다.
훌륭한 전달자란 받아들이는 데 있어서 민감한 사람이라는 사실을 결코 잊지 마십시오. 이것이 내가 남녀 평신도들, 즉 사업가, 주부, 목공, 배관공, 의사, 변호사, 프로 축구 선수들과 함께 교제를 잘 나누는 이유입니다. 이들은 진리에 대해 가르침을 받고 나서는 그것을 자신의 말, 곧 그들이 쓰는 평범한 말로 표현합니다. 진리를 완전히 자기 것으로 소화하여 메시지를 그들 자신의 어휘로 표현하는 것입니다. 따라서 그들이 구사하는 어휘는 그들의 선생님들이 사용하는 어휘와 똑같은 것이 아닙니다.
그러므로 전달이 제대로 이루어졌느냐 하는 것은 교사인 당신이 무엇을 말하는가 하는 것이 아니라 당신의 학생들이 무엇을 말하는가 하는 것으로 평가해야 하며, 당신이 무엇을 생각하는가 하는 것이 아니라 그들이 무엇을 생각하는가를 보고 판단해야 합니다. 그리고 당신이 무엇을 느끼는가 하는 것이 아니라 그들이 무엇을 느끼는가, 당신이 무엇을 하고 있는가가 아니라 그들이 무엇을 하고 있는가에 따라 평가해야 합니다.

2. 표현은 여러 가지 요소 가운데에서 발음, 즉 당신이 말하고 있는 것을 사람들이 정확하게 이해할 수 있도록 명확하게 말하는 것을 포함합니다

나는 미국 북동부에서 자랐는데, 그 지방에서는 발음에 있어 세 가지 요소 곧 입술, 이, 혀의 역할을 무시하는 경향이 있었습니다. 후에 나는 휫튼 대학 재학 중에 음악 개인 교습을 받았습니다. 그런데 교수님의 발음이 하도 이상해서 강의를 잘 알아들을 수가 없었습니다. 당시에 나는 교수님의 발음에 문제가 있다고 생각했습니다. 그러던 어느 날 나는 그 사실을 깨닫게 되었습니다. 그것은 곧, 교수님이 내가 교수님에게 말하는 것과 똑같은 방식으로 말하고 있는 것이었습니다. 그래서 나는 명확하게 발음하는 데 신경을 쏟기 시작했으며, 그제서야 비로소 학교 친구들이 나에게 "야, 네가 무슨 말을 하는지 이제야 알아듣게 됐어."라고 말하였습니다.

발음의 또 다른 요소는 목소리의 크기입니다. 만일 당신이 큰 강의실에서 강의를 하고 있다면, 맨 뒷줄에 있는 학생은 귀가 않좋아서 보청기를 사용하고 있다고 생각하십시오. 그리고 마이크가 고장이 났을 때를 생각하십시오. 특히 강의가 시작될 때는 더욱 이 점에 주의하십시오. 그렇다고 큰 목소리로 강의해야 한다는 뜻은 아닙니다. 큰 소리로 강의하는 것은 강의하는 사람이 그 내용에 대하여 관심이 많다는 것을 학생들에게 확신시켜 줄지는 모르지만, 때로는 강조하기 위해서 목소리를 낮추고 부드럽게 말해야 할 때도 있어야 합니다.

또한 단조로운 음성으로만 일관하지 말고 음성의 고저와 속도에 변화

를 주십시오. 자극적으로 전하기 원할 때는 음성의 고저와 속도를 높이십시오. 그러나 중요한 점을 강조할 때에는 음성을 낮추고 천천히 말하십시오.

산만함

교육 방법에 대해 배우고자 하는 사람은 먼저 취학 이전의 아동들을 가르쳐 보라고 권하고 싶습니다. 그것은 분명히 일반 교양교육입니다.

당신은 다음과 같은 개요를 마음속에 확고히 간직하고 교실에 들어가서 강의를 시작합니다.

1. 기도의 목적
2. 기도의 능력
3. 기도의 결과

학생들에게 감명을 주기 위해 다음과 같은 헬라어를 사용하기도 합니다. "나는 기도한다"라는 뜻의 단어 유코마이(euchomai), 프로슈코마이(proseuchomai), 에로타오(erotao) 등을 설명하기도 합니다. 이때 갑자기 작은 새 한 마리가 창 밖의 난간에 내려 앉자 모든 학생들이 우루루 일어나 좀더 가까이 가서 보려고 새가 있는 곳으로 몰려갑니다. 당신을 무시한 채 말입니다.

물론 어른들도 이와 똑같습니다. 실제로 일어나서 자리를 떠나지는 않지만 의자에 단정히 앉아 있으면서도 고개를 돌려서 새를 바라봅니다. 이러한 사실은 그들의 마음이 강의와는 멀어져 있다는 것을 말해줍니다. 이것은 그들의 정신이 산만해졌기 때문입니다.

주의 산만은 두 가지 형태로 나타납니다. 어떤 이들은 마음이 산만해지는데, 이런 것은 도저히 억제할 수가 없습니다. 간밤에 너무나 괴로움에 시달려 잠 못 이룬 사람, 아내가 암으로 죽어가는 남편, 두 아이가 아직도 대학에 다니는데 직장의 상사로부터 해고 경고를 받았던 자, 교회에 오는 도중에 부부싸움을 하다가 교회에 들어올 때는 억지로 그리스도인다운 표정을 짓고 들어왔지만 다음 라운드를 위해 마음에 칼을 갈고 있는 부부 등이 그런 상태에 있을 것입니다. 이들은 그저 아무 말 없이 조용하기만 합니다. 당신은 이러한 상태를 인식하지만 이를 해결할 방법이 전혀 없습니다.

반면에, 방안의 온도를 조절할 수 있듯이 산만함 중에도 조절이 가능한 경우가 있습니다. 일찍 교실에 들어가서 의자 배치를 새롭게 해보십시오. 대다수의 성도들은 이로 인해 오늘은 뭔가 색다르고 재미있을 것 같은 기분이 들 것입니다.

시각 교육 기구들을 이용해서 학습을 하면 학습 분위기가 어떨까요? 어린이들을 가르치는 여교사가 성경 인물들을 바르게 정리해 놓을 시간이 없어서 플란넬그라프(flannelgraph) 칠판을 이용해서 수업하는 것을 지켜 보면 상당히 재미있습니다. 그녀는 "오늘은 아브라함에 대한 이야기를 하기로 하겠어요"라고 말합니다. 그러나 아브라함이 어디에 있습니까? 그녀는 그를 찾기 위해 고고학적인 탐험 여행을 합니다. 혹은 여호수아에 대한 이야기를 말할 때는 칠판을 비스듬히 세웁니다. 그리고 이야기의 절정에 이르렀을 때는 칠판을 세차게 두드리는데, 이때 거기에 붙어 있던 그림들이 우두둑 떨어집니다. 그 순간 아이들이 왁자지껄 떠들며 웃어대면 선생은 '이 녀석들은 신앙이 영 형편없군!' 하고 생각합니다. 그러나 그렇지 않습니다. 그 아이들은 못되거나 불경건한 것이 아니라 오히려 하나님처럼 유우머 감각을 갖고 있으며 웃기를 좋아합니다.

 당신이 많은 사람들 앞에서 말씀을 전하고 있는데, 갑자기 안내자가 중앙 통로로 나와서 어떤 사람에게 말을 전하려고 할 때가 있습니다. 모든 사람들이 그를 주시합니다. 이런 경우에 당신은 어떻게 해야 합니까? 설교를 멈추고 "여러분! 안내하는 분이 누군가를 찾고 계십니다. 그 사람을 주목해 주십시오. 검볼(Gumball) 형제에게 메모지를 건네 주고 있군요. 검볼 형제가 그에게 귓속말을 합니다. 이제 그 안내자가 제 자리로 돌아갔습니다."라고 중계방송하겠습니까? 그리고는 그제서야 다시 설교를 진행하겠습니까? 이렇게 정신적으로 산만하게 하는 것들은 가능한 한 제거하십시오.

피드백(Feedback)

 이제 전달 과정에 있어 마지막 단계를 제시하겠는데, 이 단계를 거치지 않으면 전 단계의 많은 부분을 놓치게 됩니다.
 다음의 사실을 확인하십시오. '학습자들이 무엇을 알고, 어떻게 느끼며, 무엇을 하고 있는가?'
 가르치고 있는 내용을 학생들이 잘 이해하고 있는지를 확인하기 위해서 한 학생에게 물어 보십시오. 어떠한 형식으로 하든 간에 처음에는 "너는 이해하니?"라고 질문하십시오. 그리고 만일 이에 대한 대답이 "아뇨, 저는 도무지 모르겠습니다."라면 당신은 다시 처음으로 되돌아가야만 합니다.

 다음과 같은 질문을 학생들에게 던져 학습 내용을 점검할 수도 있습니다. "이 내용을 여러분의 생활 속에서 어떻게 적용하고 있는지 기록해 주시겠습니까?" 혹은 "이 내용에 대해서 질문 있습니까?"라고 물어볼 수도 있습니다. 이런 질문을 통해서 학생들이 알고, 느끼고, 행동하고자 하는 욕구를 어떤 점에서 만족시켜 주지 못했는가 하는 문제점들이 드러나게 됩니다. 그럼으로써 전달 방법에 어떤 문제가 있는지를 깨닫게 될 것입니다.

신학교에서 나는 학기 말에 소그룹의 학생들을 모아 놓고 그들에게 다음과 같이 물었습니다.

"본 과정에서 변화되어야 할 필요가 있는 것은 무엇입니까? 본 과정에서 좋았던 점과 또 맘에 들지 않았던 점은 무엇입니까? 뜻이 통하지 않는 것은 무엇이었습니까? 내가 듣기 원하는 것을 말하지 말고, 내가 꼭 들을 필요가 있는 것을 말해 주십시오."

한번은 내가 서해안에 있는 한 교회의 주일 저녁예배 시간에 강사로 가서 메시지를 전한 적이 있습니다. 그날 교회는 입구까지 사람들이 꽉 찼었습니다. 내가 그곳에 가기 전에 그 교회 목사님은 나에게 이렇게 말하였습니다.

"헨드릭스 박사님, 깜박 잊고서 박사님께 말씀드리지 못한 것이 있습니다. 교회 안에 들어서면 왼편에 긴 의자 하나가 있는데, 오늘 밤에는 그곳에 배관공, 의사, 주부, 고등학생, 휴가중인 선교사가 앉아 있을 것입니다. 박사님께서 말씀을 끝내신 후에는 그들이 박사님께 귀찮을 정도로 갖가지 질문을 할 것입니다. 그러나 박사님, 너무 염려하지 마세요…. 괜찮겠지요?"

나는 '이제야 임자를 만났구나' 하고 생각하였습니다.

지금까지 나는 그날 밤에 받았던 질문같이 통찰력 있는 질문들을 결코 받아 본 일이 없습니다. 그들은 청중들이 가장 절실하게 필요로 하는 질문을 하면서 내 표현에 있어서의 결함들을 날카롭게 지적하였습니다.

만일 당신이 피드백에 주의를 기울인다면, 당신은 교사로서 놀랍게 성장할 것입니다. 피드백은 우리가 어디서 시작했는가를 상기시켜 줍니다. 또한 그것을 통해 개념, 느낌, 행동이 언어로 나타나게 됩니다. 학습 내용을 확인할 때에는 당신의 개념, 느낌, 행동이 아니라 학생들의 개념, 느낌, 행동이 어떠한 언어로 나타나고 있는가에 관심을 두어야 합니다.

학생들은 당신이 그들에게 가르친 것을 단지 외우듯이 말하는 앵무새가 아닙니다. 그들은 당신이 이해한 대로 이해하고, 당신이 느낀 대로 느낍니다. 그리고 그들은 당신과 같이, 진리가 그들의 삶에 중요한 영향을 미치기를 원합니다.

생각해 봅시다
(개인적인 평가및 다른 교사들과의 토의를 위한 질문)

1. 학생들과 일대일로 만나기 위해서는 어떤 접촉점이 필요하다고 생각합니까? 또한 학급 학생 전체와의 만남을 위한 접촉점으로는 무엇이 있겠습니까?

2. 자신이 가르칠 때 말하는 스타일을 당신은 어떻게 평가합니까? 목소리는 분명하고 강합니까? 당신이 사용하는 문장은 올바른 문장이며, 이해하기 쉽고 논리적입니까? 당신에게 의사 전달을 방해하는 버릇은 없습니까?

3. 당신의 반에서, 혹은 다른 그룹 사람들에게 당신이 갖고 있는 목표나 비전을 전달할 좋은 방법에는 무엇이 있다고 생각합니까?

제 5 장
마음의 법칙

- 인격-긍휼-내용
- 교수-학습 과정
- 배움이 시작되는 곳
- 염두에 둘 사항
- 영향력 있는 인물이 되라
- 생각해 봅시다

가르치는 주제가

아주 중요한 삶의 본질에 관한 내용이라면

어느 교사가 수업하는 데 있어서

진지하지 않고 모든 영감을 다 쏟지 않겠습니까?

- 존 밀튼 그레고리 -

5. 마음의 법칙

강렬한 영향을 주는 가르침은 머리대 머리가 아니라 마음과 마음을 통한 가르침입니다. 이것이 마음의 법칙이며, 당신이 마음에 대한 성경적인 의미를 이해한다면 이 법칙이 진실임을 깨닫게 될 것입니다.

'마음'이라는 단어는 변덕스런 단어 중의 하나이면서도 감상적인 단어입니다. 오늘날 우리는 대부분이 이 단어를 정확하게 사용하지 못하고 있지만 구약 성경의 기자들은 아주 정확하게 사용했습니다. 신명기 6:4-6은 당시에 이 단어가 어떻게 쓰였는지를 보여 주는 구절 중의 하나입니다.

모세는 다음과 같이 말하였습니다.

"이스라엘아 들으라 우리 하나님 여호와는 오직 하나인 여호와시니 너는 마음을 다하고 성품을 다하고 힘을 다하여 네 하나님 여호와를 사랑하라 오늘날 내가 네게 명하는 이 말씀을 너는 마음에 새기고".

히브리인들에게 있어 마음은 전인격, 다시 말해서 지성, 감성, 의지를 의미했던 것입니다.

그러므로 가르침의 과정은 한 인격이 하나님의 초자연적인 은혜로 말미암아 변화되는 과정이라고 할 수 있으며, 이와 동일하게 다른 사람의 인격도 변화시키는 것입니다. 이 얼마나 놀라운 특권입니까! 오직 지식에 따라서만 행동하는 것은 세상에서 가장 쉬운 일입니다. 그러나 마음의 길을 따르는 것은 이보다 훨씬 더 어렵지만 이 길을 따르는 것이 참으로 유익합니다. 마음의 길을 따른다는 것은 삶 자체가 변화되는 것을 가리킵니다.

인격 - 긍휼 - 내용

소크라테스는 의사 전달의 본질을 에토스(ethos), 파토스(pathos), 로고스(logos)라는 세 가지 개념으로 요약하였습니다. 여기서 에토스는 인격을, 파토스는 긍휼을, 로고스는 내용을 포함합니다.

소크라테스에 의하면, 에토스는 선생이 신뢰성을 확립하는 것을 의미합니다. 그는 교사의 인격을 교사가 무엇을 말하거나 행하는 것보다 훨씬 더 중요하다고 생각하였는데, 이는 인격이 말하고 행하는 것을 결정하기 때문입니다. 당신이 어떠한 사람인가 하는 것은 설교자, 상담자, 전달자로서 당신의 가장 큰 힘입니다. 당신에게서 배우는 자들은 당신에 대하여 마음이 끌릴 수 있어야만 합니다. 또한 그들은 당신을 신뢰할 수 있어야만 하는데, 이것은 그들이 당신을 신뢰할수록 교육의 효과가 더 커지기 때문입니다.

파토스 혹은 긍휼은 교사가 학생들의 마음속에 있는 열정을 어떻게 불러일으키며, 그들의 감정을 어떠한 방향으로 유도해야 하는가에 관계된 것입니다.

소크라테스는 강연자와 선생들은 내용을 필요로 한다는 것을 알았는데, 그는 그것을 로고스라 불렀습니다. 이것은 요한복음 1장에서 예수 그리스도를 묘사하는 데 사용된 헬라어와 동일한 것입니다.

"태초에 말씀(로고스)이 계시니라"(요 1:1). "말씀이 육신이 되어 우리 가운데 거하시매 우리가 그 영광을 보니 아버지의 독생자의 영광이요 은혜와 진리가 충만하더라".

하나님이 우리와 교통하기를 원하셨을 때, 그분은 인격체인 그리스도를 통해 자신의 메시지를 전달하셨습니다. 이것이 바로 우리가 부르심을 받은 이유입니다.

그러므로 로고스 개념은 증거에 대한 예시를 포함합니다. 그것은 학생들의 마음속에 자리잡아서 이해를 돕습니다. 또한 그것은 당신이 학생들에게 원하는 행동에 대한 근거를 제공해 주고 그들의 행동이 얼마나 논리적이고 이성적인가를 알게 해줍니다.

당신은 선생으로서 물론 인격과 긍휼, 내용이 없이도 가르칠 수 있습니다. 그러나 그러한 가르침이 배우는 자에게 어떠한 효력을 나타낼 수 있겠는가를 한번 생각해 보십시오.

첫째, 선생의 인격은 배우는 자에게 있어서 신뢰를 가져옵니다. 당신의 삶이 훌륭하다고 느껴질 때 학생은 당신이 선생으로서 자신에게 제공할 의미 심장한 무엇인가를 갖고 있다고 느낍니다. 또한 그럴 때 학생은 당신을 신뢰할 수 있게 되며, 당신이 자신에게 거짓말하지 않으리라고 확신할 수 있게 됩니다.

이러한 신뢰의 요인, 곧 당신에 대한 믿음이 당신의 의사를 상대방에게 가장 확실하게 전달하게 하는 무기가 됩니다. 신뢰감이 형성되지 않고는 아무 일도 할 수 없습니다. 그런데 잃어버린 신뢰감을 회복하기란 가장 힘든 일입니다. 효과적인 의사 전달의 기초는 내부에서 나옵니다. 자기 자신에 대해 주기적으로 "나는 어떤 사람입니까?"하고 자문해 보십시오.

둘째, 학습자의 동기를 유발하는 것은 긍휼입니다. 만일 당신으로부터 사랑받는다고 느끼게 되면, 학생은 당신이 원하는 것은 무엇이든 아주 열심히 하게 될 것입니다.

열두 제자가 왜 예수님을 따랐습니까? 그 이유는 간단합니다. 주님이 그들을 사랑하셨기 때문입니다. 이에 대해 복음서는 "그리스도께서 우리를 보시고 그들을 불쌍히 여기사"라고 말하고 있습니다. 남녀노소를 막론하고 모든 사람은 자기를 사랑하는 사람에게 끌리게 되어 있습니다.

학생들은 당신에 대하여 어떤 반응을 보입니까? 그들은 당신을 괴롭힙니까? 당신에게 도전합니까? 당신은 사람들을 좋아합니까, 아니면 그들이 당신을 위협합니까?

셋째, 학습자가 무엇을 인식하는가 하는 것은 당신이 가르치는 내용에 달려 있습니다. 선생으로서 당신이 현재까지 알고 있던 것을 이제는 학생이 배웁니다. 학생은 그것을 이해하고 발견합니다. 그리고 그것을 자신의 삶 속에 받아들입니다.

위대한 전달자 곧 위대한 선생이라 해서 반드시 눈에 잘 띄는 자들은 아닙니다. 그러나 위대한 선생들은 넓은 마음을 가진 사람들입니다. 그들은 전인격으로 전하며, 학생들의 전인격에 내용을 심어 주는 자들입니다.

교수 - 학습 과정

가르치는 것과 배우는 것이 실제로 무엇인가를 잠시 생각해 봅시다. 가르친다는 것은 자극하는 것입니다. 무엇을 자극한다는 말입니까? 사람들로 하여금 배우도록 자극하는 것입니다. 이것이 내가 아는 가장 단순한 정의입니다.

가르침과 배움간에는 매우 본질적인 관계가 있습니다. 그 관계는 '교수 - 학습의 과정'으로 표현할 수 있는데, 여기서 하이픈(붙임표)에 주목하십시오. 이 두 단어는 분리될 수 없습니다. 만일 배우는 자가 계속하여 배우지 않는다면 우리는 그에게 아무 것도 가르쳐 주지 않는 것과 같습니다.

 다음의 말에 주목하십시오. 가르치는 것은 당신이 하는 것이며, 배우는 것은 학생들이 하는 것입니다. 영어에서는 배움과 가르침이 뚜렷이 구분됩니다. 영어에서 '나는 그를 배웠다'(I learned him)라는 표현은 없습니다. '나는 그로부터 …을 배웠다.'라고 해야 합니다. 이 문장에서 '학생은 배워야 하며, 선생이 할 수 있는 일은 가르치는 것'임을 알 수 있습니다. 그러므로 가르침에 있어 초점은 주로 당신이 선생으로서 행동하는 것에 있으며, 배움에 있어 초점은 주로 학생들이 행동하는 것에 있습니다. 그러나 우리는 교육의 효과를 교사의 행동으로 평가하는 것이 아니라 교사의 행동에 의해 나타나는 학생들의 행동으로 평가해야 합니다.

 배움에 대하여 내가 아는 가장 단순한 정의는 '배움은 곧 변화'라는 것입니다. 배움이라는 것은 본질적으로 사고의 변화요, 느낌의 변화이며, 행위의 변화를 의미합니다. 다시 말해서 배운다는 것은 지, 정, 의에서 변화가 일어나는 것을 뜻합니다. 그러므로 배우면 변화가 일어나야 합니다.

 바울은 로마서 8:29에서 다음과 같이 말했습니다.

 "하나님이 미리 아신 자들로 또한 그 아들의 형상을 본받게 하기 위하여 미리 정하셨으니 이는 그로 많은 형제 중에서 맏아들이 되게 하려 하심이니라".

 여기서 '본받게'라는 단어에 주의하십시오.

 젤리를 만드는 과정은 이렇습니다. 소량의 젤리 원료를 물에 풀고 그것을 틀에 부은 다음 냉장고 안에 넣어 두십시오. 그런 후 수시간 후에 그것을 꺼내어 접시 위에 엎으면 그 혼합물은 일정한 형태로 응고되어 있습니다. 바울은 "너희는 예수 그리스도의 주형에 부어지도록 예정되었느니라"라는 의미로 '본받게'라는 말을 사용합니다. 이처럼 예수 그리스도의 형상에 이르는 것은 혁명적인 변화를 요구합니다.

로마서 12:2에서 바울은 같은 단어를 다시 사용합니다.

"너희는 이 세대를 본받지 말고".

제이 비 필립스(J.B. Phillips)는 이 구절을 다음과 같이 해석합니다. "너희 주위에 있는 세상으로 하여금 너희를 세상의 주형 속에 몰아넣지 못하게 하라."

이 두 가지를 종합하면, "너희는 예수 그리스도의 틀에 부어지도록 예정되었다. 그러므로 세상으로 하여금 너희를 세상의 틀에 몰아넣지 못하게 하라. 왜냐하면 이 두 과정은 완전히 정반대가 되기 때문이다." 입니다.

그러면, 우리는 어떻게 세상으로 하여금 우리를 사로잡아 그 틀 속에 몰아넣지 못하게 할 수 있습니까? 이에 대해 바울은 다음과 같이 답변합니다.

"너희 마음을 새롭게 함으로 변화를 받으라".

그 방법은 바로 변화를 받는 것입니다. 곧, 우리는 그리스도의 형상으로 변형됨으로써 세상의 모습에 휩쓸려들지 않을 수 있습니다. 이때의 변화란 외부로부터의 변화가 아니라 내부로부터의 변화를 가리킵니다.

"너희 마음을 새롭게 함으로 변화를 받으라 그리하여 하나님의 선하시고 기뻐하시고 온전하신 뜻이 무엇인지 분별하라."

여기서 말하는 변화는 근본적인 변화를 말합니다. 따라서 우리는 하나님의 아들의 형상으로 변화되어야만 합니다.

그러므로 제자도(discipleship)에 대하여 학생들에게 도전을 주십시오. 학생들에게 누가복음 14장과 그 외의 성경 구절들을 읽어 보게 하십시오. 그리고 "여러분은 여러분의 삶을 변화시키기를 원하십니까?"라고 물어 보십시오. 그러면 학생들은 즉시 "그럼요"라고 이구동성으로 대답할 것입니다. 이때 "그렇다면 여러분의 인생을 버리십시오"라고 말해 보십시오. 그러면 "아니, 인생을 버리라구요?"라고 학생들은 놀라워하며 큰 소리로 말할 것입니다.

"하지만 교수님, 우리의 인생은 단 한 번밖에 없지 않습니까? 인생 가운데서 얻을 수 있는 모든 것은 내 손 안에 움켜잡아야 합니다."

술 한 방울도 마시지 못할 사람들의 머리에 그러한 불필요한 철학이 가득 차 있다는 것은 참으로 흥미로운 일입니다. 숱한 세속적인 생각에 물들게 되면 우리는 세상의 틀 속에 빨려 들어가게 됩니다. 그러나 우리가 그러한 것을 외면하고 하나님의 살아 있는 진리가 우리의 마음과 감정, 그리고 행위를 지배하게 할 때 우리는 변화의 길에 들어서게 되는 것입니다.

그러나 우리는 쌓아놓은 지식에 비하여 책임에 대해서는 간과하는 때가 많습니다. 교인들에게 과중할 만큼 지식을 전해 주는 데 비하여 하나님이 그 자신을 한 사람 한 사람에게 나타내셨으며, 각 개인들에게 어떤 책임이 있는지에 대해서는 제대로 가르치지 못했습니다. 그러나 이제는 그렇게 가르쳐야 합니다.

이 책을 읽는 사람은 모두 빚진 자라고 나는 믿습니다. 하나님은 당신이 이 책을 통해 알게 된 지식들과 관련하여 행할 책임을 부과하실 것입니다.

배움이 시작되는 곳

모든 학습은 느끼는 차원에서 시작됩니다. 사람은 받아들이고 싶은 것은 받아들이고, 거절하고 싶은 것은 거절하게 되어 있습니다. 자세가 적극적인 사람은 듣는 것을 받아들이는 경향이 있지만, 소극적인 사람은 듣는 것을 외면하려 합니다.

 만일 내가 당신에 대하여 부정적인 감정을 갖고 있다면 나는 당신을 거부하기 때문에 당신이 말하는 것도 거부할 것입니다. 그러나 내가 당신을 좋아한다면, 그리고 내가 당신이 나에게 관심을 갖고 있음을 안다면 당신은 나로 하여금 온 세상 사람들이 믿지 못할 만한 큰 일을 하게 만들 수 있을 것입니다. 그리고 나 역시, 당신을 현재의 당신으로 만드신 당신의 주님을 좋아하게 될 충분한 가능성이 있게 됩니다.

 먼저 당신의 마음을 알아야 당신이 아는 것에 대해 주의를 기울이게 됩니다. 당신이 가르치고 있는 사람들은 당신에게 어떠한 마음을 가지고 있습니까? 그들은 당신이 가르치는 것을 잘 받아들입니까, 아니면 당신에 대하여 적대적입니까? 아마도 당신의 말을 들을 때, '그 말은 전에 이미 들은거야'라고 생각하고 있을지도 모릅니다. 좀더 지나쳐서 마음속으로 그들이 '그런 방법으로 나를 가르치는 사람은 당신이 마지막이기를 바랍니다'라고 생각한다면, 당신은 당신 자신을 위해서라도 그 일을 그만두어야 합니다.

 당신이 총을 들고 있는 사람들을 설득하러 갔다고 상상해 봅시다. 이 때 당신이 할 일은 그들로 하여금 손에서 조용히 총을 내려놓게 하는 것입니다. 그런데 그 일은 당신과 그들과의 친밀한 관계에서만 가능합니다. 바로 이런 친밀함이 강의실 안에서도 큰 영향을 줍니다. 다시 말해서, 교사와 학생간에 친밀함이 있으면 강의 주제에 대한 토론이 더욱 자유스럽게 이루어지게 되는 것입니다. 이렇게 되도록 마음을 다하십시오.
 만일 당신이 학급의 학생 한 명이 공부를 마치고 집에 가려고 할 때 그를 불러 세우고는 가까이 가서 "얘, 나는 너와 한마음이야. 나는 너를 위해 기도하고 있어. 만일 도움이 필요하거든 나에게 전화해. 그렇게 할 수 있겠지? 내가 언제든지 도와줄께."라고 말했다고 합시다. 그러면 그에게 어떠한 일이 일어나겠습니까?. 그는 당신이 어떤 사람인가를 결코 잊지 않을 것입니다. 내가 이렇게 확신할 수 있는 것은 나 자신이 그런 일을 경험했기 때문입니다.

어린 시절에 나는 필라델피아에서 교회 생활을 했었는데, 주일학교 선생님들은 나를 안아 주면서 "정말 반갑구나, 하워드. 우리는 네가 아주 자랑스러워."하고 맞아 주곤 했습니다. 하지만 나는 그들 중 어떤 선생님들에 대해서는 "그런데 선생님은 저에게 아무런 도움도 주지 못하시는걸요"라고 말하고 싶은 감정을 느꼈습니다. 몇몇 선생님들은 나를 7번가(街)에서 온 꼬마 정도로 여겼습니다. 그러나 어린 나를 한 인격체로 상대해 준 선생님들에 대해서는 어떻게 감사를 표해야 할지 모르겠습니다. 나에 대해서 깊은 관심을 가지고 "안녕, 하워드. 오늘 기분은 어떠니? 우리 모두는 너를 사랑해. 그리고 너를 위해 기도하고 있단다."라고 말해준 사람들에 대해서 나는 매일 하나님께 감사했습니다.

당신이 중등부 아이들을 맡아 가르치고 있는데, 그 반에 나오기 싫은데도 억지로 떠밀려 나오는 아이가 있다고 가정해 봅시다. 당신이 그에게, "얘, 필(Phil). 내일 공부가 끝난 뒤에 나와 함께 콜라 마실 시간 있겠니?"라고 제안하고 다음 날 필과 마주 앉아 이야기를 나누다가 이렇게 말했다고 생각해 봅시다.

"필, 주일학교에 꼭 나가야만 한다는 것이 너에게는 정말로 지겨운 일이지?"

"그래요."

"만일 네가 마음대로 선택할 수 있다면 참석하지 않겠지, 그렇지?"

"맞아요."

"그런데 말이지, 나는 주일학교에 참석하는 그 자체가 참 중요한 일이라는 것을 네가 알았으면 해. 그리고 너를 알게 되어 정말로 기쁘구나. 네 기분을 이해한다. 필, 믿기 어렵겠지만 나도 십대였을 때는 너와 같은 기분이었어. 하지만 그런 것은 아무 상관이 없어. 중요한 것은 내가 너를 사랑한다는 사실이야."

필의 태도에 무슨 일이 일어나는가 주목하십시오. 그는 여전히 강압에 못이겨 억지로 주일학교에 나오고 있지만, 교사로서의 당신은 그것을 더 이상 문제로 삼지 않아도 됩니다. 필과 당신은 이제 서로를 이해할 수 있기 때문입니다.

당신이 어린아이들을 가르치고 있는데, 어느 날 죠니라는 아이가 새 신을 신고 나왔다고 합시다. 만일 당신이 그 신발에 즉시 주목하지 않는다면, 죠니가 언제 그 이야기를 꺼낼지 모를 것입니다. 죠니는 분명 성경공부 시간에라도 신발 이야기를 꺼낼 것입니다. 성경 이야기가 한참 무르익어 가고 다른 아이들은 눈을 동그랗게 뜨고 쳐다보는데, 엉뚱하게 갑자기 죠니가 일어서서 이렇게 소리칠 것입니다.

"선생님, 나 오늘 새 신발 신고 왔어요."(물론 당신이 어린 죠니만큼 새 신발에 관심을 가지고 있었다면, 당신은 신발에 대해서 많은 이야기를 했을 것입니다.)

죠니가 걸어 들어올 때 당신이, "안녕 죠니? 어머나, 새 신발 신었구나."라고 말했다면, 그 아이는 당신이 자신에게 관심이 있다고 느꼈을 것입니다. 이처럼 시기 적절하게 관심을 나타냄으로써 아이들과 하나가 될 수 있습니다.

염두에 둘 사항

나는 내용이 중요하지 않다고 말하고 있는 것이 아닙니다. 어떤 사람들은 나에게 다음과 같이 말합니다.

"헨드릭스씨, 당신도 아시다시피 무엇을 믿든 그것은 그리 중요하지 않습니다. 중요한 것은 어떻게 믿느냐 하는 것입니다."

그러나 이러한 생각은 성경적으로 볼 때 맞지 않습니다. 당신이 무엇을 믿느냐에 따라 문제가 전혀 달라집니다. 왜냐하면 무엇을 믿느냐가 어떻게 믿느냐를 결정하기 때문입니다. 당신은 올바르게 믿으면서도 올바르게 행하지 못할 수도 있습니다. 그러나 만일 당신이 올바르게 믿지 않는다면, 당신은 앞으로도 계속해서 올바르게 행할 수 없을 것입니다.

당신도 아는 것처럼, 하나님은 분명하게 말씀해 주셨지 중얼거리지 않으셨습니다. 성경은 수수께끼가 아니라 하나님의 계시입니다.

나에게 이렇게 말하는 사람들도 있습니다.

"나는 성경 말씀을 이해할 수가 없습니다. 나는 하나님이 나와 경기를 한다고 생각합니다."

그들은 자신이 경기에 질 것을 두려워하는데, 그들의 말대로라면 그들이 하늘나라에 이르게 될 때에는 하나님이, "아하! 너는 성경을 이해하지 못했구나!"라고 고소한 듯이 바라보실 것입니다.

나는 이렇게 잘못 이해하고 있는 사람들에게, 하나님은 우리가 성경 말씀을 이해하는 것에 대해서 우리 자신 보다 훨씬 더 많은 관심을 갖고 계신다고 말해 주고 싶습니다. 그러나 우리는 성경을 연구함으로써 이 사실을 알 수 있습니다. 그렇다고 이 말이 성경 연구가 모든 문제를 해결해 주는 도깨비 방망이라는 뜻은 결코 아닙니다. 성경책이 닳아 헤어질 정도로 읽는다고 해서 당신의 삶에 있어 이적적인 변화가 오는 것은 아니기 때문입니다.

하나님이 자신의 메시지를 성경에 기록케 하셨을 때, 20세기 말엽을 사는 바로 당신에게 직접 말씀하시려는 의도로 그렇게 하셨다는 생각을 해본 적이 있습니까? 하나님은 우리와 교제하기를 원하십니다. 그래서 성경이 현재와 영원한 미래를 모두 포함하도록 하신 것입니다. 바로 이것이 우리에게 주어진 바요, 우리가 받은 메시지입니다.

나는 당신에게, 기독교 신앙은 단지 경험에 기초되는 것이 아니라 역사적인 사실에 기초를 두고 있다는 것을 말해 주고 싶습니다. 바울은 고린도전서 15장에서 이러한 사실을 우리에게 상기시켜 주었습니다. 복음의 본질은 무엇입니까? 바울은 다음과 같은 네 가지 역사적인 사실들이 복음의 본질이라고 말하였습니다.

그리스도께서 죽으셨다.
그분은 장사지낸 바 되셨다.
그분은 다시 살아나셨다.
그분은 특정한 사람들에게 나타나셨다.

우리는 그리스도께서 죽으셨다는 것을 어떻게 압니까? 그것은 그분이 장사지낸 바 되셨기 때문입니다. 또한 그분이 다시 살아나셨다는 것을 어떻게 압니까? 그것은 그분이 특정한 사람들에게 나타나셨기 때문입니다.

그러므로 성경적인 견지에서 볼 때, 내용은 결정적으로 중요합니다. 우리는 하나님이 계시해 주심으로 말미암아 진리를 알게 되었습니다. 하나님의 말씀의 사실들을 잊지 마십시오. 그러나 이것이 우리에게 말씀을 주신 주된 목적은 아닙니다. 그렇게 하신 것에는 그 이상의 목적이 있습니다. 말씀을 주신 목적은 감정, 즉 느낌으로 받아들이고 의지, 즉 행동으로 옮기는 데 있습니다. 또한 지,정,의 즉 생각과 정서와 의지가 변화되어야만 하는 것에 있습니다.

영향력 있는 인물이 되라

나는 당신이 다음과 같이 생각하고 있기를 바랍니다.

'헨드릭스씨, 그것은 대단히 좋은 생각입니다. 그러나 어떻게 그것을 이룰 수 있을까요? 위대한 진리를 어떻게 적용할 수 있겠습니까?'

만일 당신이 영향력 있는 인물이 되기 원한다면 다음의 세 가지 지침을 반드시 기억하십시오.

1. 앞에서 이미 언급한 바와 같이, 영향력 있는 인물이 되려면 먼저 당신이 가르치는 학생들을 아십시오

그들의 필요를 알수록 당신은 그들을 더욱 잘 가르칠 수 있습니다. 학생을 아는 데는 교사의 헌신이 요구되며, 또한 많은 시간이 걸립니다. 이 때문에 교사들이 중도에서 포기하는 경우도 많습니다. 그렇지만 이 과정에는 달리 지름길이 없습니다. 훌륭한 교사가 되기 위해서는 다음과 같은 좌우명을 가지고 있어야 합니다.

'기꺼이 생명을 바칠 것.'

학생을 알기 위해서는 교실 안이든 밖이든, 혹은 공식적이든 비공식적이든 간에 학생들과 융화되어야 합니다. 선생들 중 어떤 이들은 학생들에게 그들의 지력 이상으로 가르칩니다. 한 대학 교수는 강의의 내용을 철저히 준비해 가지고 강의실에 들어갑니다. 그는 자신이 강의할 내용의 주제를 좋아하고 준비한 강의 내용이라서 강의 시간 처음부터 끝까지 쉬지 않고 그 주제에 대해서 강의를 합니다. 그러나 강의가 끝나면 그는 사라지고, 다음 강의 시간까지 다시 그를 만날 수가 없습니다. 만일 그와 이야기 나누기를 원한다면 강의가 끝나기 무섭게 강의실 출구에서 그를 기다려야만 할 것입니다.

내 아내는 자주 여성들의 모임에서 강연을 합니다. 우리는 함께 여행할 수 있도록 강연 시간과 장소를 조정하려고 하지만 때로는 아내 혼자서 여행하는 경우도 있습니다. 그러면 나는 신학교의 남학생 독신 기숙사에 전화를 걸어 내가 주말을 거기서 보낼 수 있겠는지를 문의합니다. 그러면 그들은 "선생님, 농담하시는 겁니까?"라고 말합니다.

"천만에. 이불을 끌어당기지 않겠다는 약속이나 하게."(여러분은 그들이 나에게 무슨 장난을 하는지 모를 것입니다)

그리하여 나는 주말을 기숙사에서 보내게 되는데, 그럴 때마다 10~15명의 학생들이 내 방으로 몰려와 함께 이야기를 나누게 됩니다. 비록 분위기가 동물원같이 왁자지껄하지만 기분은 정말 좋습니다.

교사들 가운데 어떤 이들은 학생들이 어떤 상황에 처해 있는지 실제로 알지도 못한 채 자기 생각의 틀 속에 갇혀 삽니다. 그러므로 나는 당신에게 학생들의 삶 속에 합류하도록 권하고 싶습니다. 물론 멀리서도 사람들에게 어느 정도의 감동이나 인상은 줄 수 있습니다. 그러나 그들에게 강한 영향을 주려면 반드시 가까이 다가가야 합니다. 그들을 가까이할수록 그들에게 주는 영향은 그만큼 크고 지속적인 것이 됩니다.

당신은 자신의 모습을 다른 사람들에게 보여 줍니까? 언젠가 나는 학생들과 함께 달라스 카우보이와 워싱턴 레드스킨스(미국 프로 풋볼팀) 간의 경기를 보게 되었습니다. 그런데 경기를 보던 중에 나는 너무나 흥분되어 주먹으로 바닥을 '쾅' 하고 내리쳤습니다. 그러자 손목시계가 떨어져 나가 산산히 부서져버렸습니다. 이때 한 학생이 그것을 보더니 이렇게 말했습니다.

"선생님도 사람이군요."

그렇습니다. 나도 한 인간인 것입니다.

우리는 보통 옷차림이 정돈되어 있을 때에만 사람들에게 자신을 드러내 보입니다. 그러나 그들이 실제로 보고 싶어하는 모습은 당신이 낙담하거나 화를 내고 있을 때입니다. 그러한 때 그들은 당신이 인간임을 부인하지 않을 것이며, 동지 의식을 느낄 것입니다.

2. 상대방의 말을 들어볼 기회를 얻으십시오

거리에서 처음 만나는 사람에게 어떤 문제로 고민하고 있는지 물어볼 수는 없습니다. 그는 어쩌면 드러낼 수 없는 그의 마음의 일부를 당신에게 보여 줄지도 모릅니다. 그러나 비록 당신이 그의 문제가 무엇인가를 안다 하더라도 그를 완전히 이해했다고 말할 수는 없습니다. 마음을 열고 자신을 털어놓고 말할 수 있으려면 먼저 서로 신뢰감을 느껴야 합니다.

우리 교회에서는 가장 평범한 사람들이 가장 왕성하게 활동하고 있는데, 그들이 그렇게 할 수 있는 이유는 다름아닌 다른 사람들의 말을 잘 들어 주기 때문입니다. 그들은 뛰어난 인물은 못되지만 적어도 삶을 변화시키는 사람들입니다. 유명 인사들의 세계에서는 이러한 사실을 전혀 이해하지 못합니다. 그러므로 우리는 먼저 상대방의 말을 들어줄 줄 알아야만 합니다.

3. 학생들 앞에서 당신도 많은 문제를 안고 살아가는 사람임을 보여 주십시오

학생들로 하여금 당신이 현재 고민하고 있는 문제와, 그동안 해결하려고 애써온 문제가 무엇인지를 알려 주십시오. 만일 당신이 맡은 학생이 어린이들이라면, 당신이 그들 나이였을 때는 어떤 문제로 괴로워했는지 말해 주십시오. 그들은 그것을 이해하고 좋아할 것입니다. 그리고 만일 그들이 십대라면 당신도 한때는 십대였다는 것과, 당신에게도 문제가 많이 있었다는 것을 이야기해 주십시오(만일 당신이 어린 시절을

기억하지 못한다면 당시에 당신과 함께 지냈고 당신에 대해 기억을 잘 하는 사람들에게 물어 보십시오. 그러면 어느 정도는 도움이 될 것입니다).

학생들이 가장 큰 반응을 보이는 경우는 내가 어떤 문제 때문에 절망하고 고민에 빠졌었다는 이야기를 해줄 때입니다. 그들은 내가 잘되고 성공한 이야기보다 어려움을 겪고 의기소침해졌던 이야기를 듣고 쉽사리 일체감을 가집니다.

대개의 사람들은 어디 출신이며, 무엇을 경험해 왔는가 보다는 현재 어떠한 상황에 있는가와 관련하여 당신을 보는 경향이 있다는 것을 기억하십시오. 그들은 당신이 지금까지 거쳐온 과정을 보지 않습니다. 그러나 당신은 하나님의 은혜로 지금까지 어렵고 힘난한 길을 걸어 왔습니다. 그러므로 하나님이 당신을 현재의 인격으로 만들기 위해 지금까지 숱한 경험들과 괴로운 실패들을 통하여 가르쳐 오신 것을 다른 사람들에게 어떻게 전해야 할지 곰곰이 생각해 보십시오.

생각해 봅시다
(개인적인 평가 및 다른 교사들과의 토의를 위한 질문)

1. 당신은 '마음대 마음'의 가르침을 당신 자신의 말로 어떻게 묘사하겠습니까?

2. 당신은 어떤 학생을 가장 우수하다고 평가합니까? 그리고 그 이유는 무엇입니까? 당신은 어떤 학생들이 당신의 인정을 가장 잘 이해할 필요가 있다고 생각합니까?

3. 당신의 가르침은 학생들의 분위기, 감정, 태도 중에서 무엇에 가

장 영향을 많이 받습니까? 이러한 것들이 당신을 침체시킵니까, 아니면 화나게 만듭니까? 혹은 어쩔 줄 모르게 만듭니까?

4. 당신의 강의 시간에 학생들이 가장 즐거워하는 점은 무엇이라고 생각합니까? 그리고 그 이유는 무엇입니까?

제 6 장
격려의 법칙

- 동기 부여 지수(MQ)
- 필요에 대한 인식
- 효과적인 훈련
- 개인적인 접촉
- 창조적인 동기 유발
- 발휘되어야 할 능력
- 생각해 봅시다

우리가 이미 이해하고 있듯이,

마음이란 동기에 의해 움직이는 힘이나 능력입니다.

괘종시계의 종소리는 귀로 들을 수 있고

지나가는 사물의 이미지는 두 눈에 남아 있으나

부주의한 마음은 듣지도, 보지도 못합니다.

- 존 밀튼 그레고리 -

본 페이지 하단에 있는 상자 안에는 동기 유발에 대한 모든 비밀이 들어 있습니다. 이 상자는 잠겨 있지만 다행히도 나는 그 열쇠를 갖고 있습니다. 자, 우리 함께 그 안을 한번 들여다 봅시다.

내가 이 상자에서 꺼낸 첫 번째 물건은 조약돌이 들어 있는 작은 종이 봉지입니다. 이 조약돌은 일곱 살 난 한 소년이 토요일 아침에 세 시간 동안 애서 모은 것입니다. 그 아이에게 이러한 일을 하라고 시킨 사람은 아무도 없었습니다. 누군가 숙제로 내준 일도 아니었습니다. 그러나 어떤 이유에서였든 간에 그 아이는 그렇게 하기로 결정한 것입니다. 당신은 그 아이가 왜 그러한 행동을 했다고 생각합니까?

내가 이 상자에서 꺼낸 두 번째 물건은 때로 얼룩져 있으며 온통 구겨진, 아기 양육에 관한 낡아빠진 책 한 권입니다. 아내와 나는 우리 자녀 네 명을 이 책을 참고하여 길렀습니다. 아무도 이 책을 읽도록 강요하지 않았지만 그녀는 몇 번이고 되풀이하여 읽었습니다. 당신은 그녀가 왜 그렇게 했다고 생각합니까?

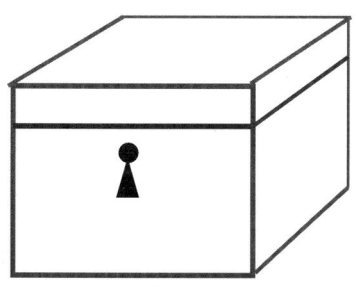

다음으로 내가 상자에서 꺼낸 것은 성경 구절 암기 카드가 들어 있는 작은 꾸러미입니다. 당신은 과거에 성경 암기를 위한 프로그램을 실천해 보았습니까? 만일 그렇게 해본 적이 있다면 그 이유는 무엇입니까? 그리고 또 당신이 그것을 하다가 중단했다면, 그 이유는 무엇입니까?

다음 물건은 연방 정부에서 온 미국 국세청(IRS) 세금 정보에 관한 팜플렛입니다. 당신은 평소에 그 팜플렛에 깊은 관심을 가져 본 적이 있습니까? 어떤 사람이 한번은 나에게 다음과 같이 말했습니다.

"헨드릭스씨, 만일 당신이 이 팜플렛을 읽어 본다면 세금을 6백 달러는 절감할 수 있을 것입니다."

당신은 내가 이 팜플렛을 읽었을 것이라고 생각합니까? 물론, 나는 그것을 읽었습니다. 그리고 그 덕분에 실제로 6백 달러 이상의 세금을 면제받았습니다.

이제 나는 그 상자 안에서, 나의 아들 빌(Bill)이 보이스카우트와 유사한 기구인 기독교 봉사단(Christian Service Brigade) 활동을 할 때 입었던 제복 샤쓰를 꺼냅니다. 한쪽 호주머니에는 네 개의 수상 뺏지가 있는데, 뺏지 한 개의 값은 겨우 35센트에 불과하지만 이것을 얻으려고 빌이 얼마나 열심히 활동했는지 모릅니다. 이 뺏지 하나 하나가 빌에게 얼마나 큰 의미가 있겠습니까?

나는 동기를 유발시키는 방법에 관한 책은 모두 읽어 보았습니다. 그런데 그 책들이 제시하는 효과적인 방법들은 한결같이 이 상자 안에 있는 물건들이 나타내는 소유권, 호기심, 필요를 충족시킴, 유용함, 도전, 인정, 승인과 같은 개념을 다루고 있었습니다.

동기 부여 지수(MQ)

오늘날 교육에 있어서 가장 문제점은 학습자들에게 시시한 것을 버리고 대담하게 행동하도록 동기를 심어 주는 데 실패했다는 것입니다. 가르치면 가르칠수록 나는 사람의 동기 부여 지수(Motivation Quotient)가 그의 지능 지수(IQ)보다 더 중요하다는 것을 확신하게 되었습니다.

재학 시절에는 매우 뛰어난 학생들이 졸업 후에는 전혀 쓸모 없이 되는 경우를 나는 많이 보아왔습니다. 그들에게 있어 문제는 능력 부족이 아니었습니다. 그들은 충분한 능력을 갖고 있었습니다. 다만, 그들은 능력을 사용할 곳을 찾지 못했던 것입니다. 그들에게는 자신들의 능력과 열정을 쏟을 만한 것이 아무 데도 없었습니다.

격려의 법칙은 이것입니다.
'가르침은 배우는 자가 적절하게 동기를 부여받을 때 가장 효과적이다.'
이러한 정의에 있어 '적절하게'라는 말에 강조점을 두어야 합니다. 왜냐하면 적절하지 못한 동기, 다시 말해서 파괴적인 결과들을 초래할 수 있는 불합리한 동기도 있을 수 있기 때문입니다.

이같은 형태 중의 하나가 바로 사탕발림식의 동기 부여 방법입니다. 예를 들자면, "얘야, 오늘 교회에 가서 떠들지 말고 예배를 잘 드리면 아이스크림 사줄게." 혹은, "성경 2백 절을 외우면 1주간 캠프에 보내 주마."와 같은 것입니다. 이러한 말은 아주 달콤하게 들려서 학생들로 하여금 좋은 일들을 하게 만들 수 있습니다. 그러나 좋은 일이 반드시 좋은 결과를 가져온다는 보장은 없습니다.

내가 일리노이 주의 한 교회에서 지도자로 있을 때의 일입니다. 중등부 학생 가운데 성경 6백 절을 완전하게 외우는 소년이 있었습니다. 우리는 그를 기독교 라디오 방송의 어떤 프로그램에 출연시켜서 방송으로 시험해 보기도 했습니다.

 그런 일이 있은 얼마 후에 우리는 누군가가 중등부에서 주일마다 헌금을 훔쳐가고 있다는 말을 듣게 되었습니다. 이에 대해 자세히 조사하기 위해 위원회까지 구성되었는데, 당신도 추측하겠지만 범인은 바로 성경 6백 구절을 외우는 바로 그 아이였습니다.

 나는 그 아이를 사무실로 불러서 성경 한 구절을 그에게 암송해 보였습니다. 그리고 나서 이렇게 말하였습니다.

 "이 성경 구절과 네가 헌금을 훔쳐간 것 사이에 어떤 관계가 있는지 아니?"

 그 아이는 첫 마디로 "아뇨"라고 말하고는, "예, 있을지도 모르죠."라고 얼버무렸습니다.

 "그래? 그럼 어떤 관계가 있다고 생각하니?"

 "제가 잡히게 되었어요."

 이와 같이 좋은 일을 하는 것이 반드시 좋은 결과를 보장하지는 않습니다. 결과는 전적으로 동기에 의해 결정되는 것입니다.

 부적절한 동기로서 두 번째로 꼽을 수 있는 것이 죄의식입니다. 그것은 다음과 같은 생각을 하면서 성경 구절을 외우는 경우입니다.

 '만일 내가 이것을 외우지 못한다면, 나는 신실한 그리스도인이 될 수 없을거야.'

 사실 그러한 방법을 사용하는 교사들이 상당수 있습니다. 그들은 죄의식을 점점 높이 쌓아올려 갑니다. 그러나 이 모든 것은 잘못된 이유에서 비롯된 것입니다.

 또 다른 부적절한 동기는 의도적이든 비의도적이든 간에 속임수입니다. 만일 내가 당신에게, 나는 성공의 비결을 안다고 말하고, 그것대로 살려고 노력만 한다면 즉시 당신의 삶이 완전히 변화된다는 점을 당신에게 확신시켜 준다면 아마도 당신은 그 말대로 한번 시도해 볼 것입니다. 그러나 그런 것은 한 번으로 그칠 것입니다.

그러므로 사람들에게 기독교 신앙이 그들에게 약속하는 이상의 것, 즉 성경이 그들에게 약속하는 이상의 것은 약속하지 마십시오. 결코, "만일 당신이 그리스도를 영접하면 당신의 모든 문제가 해결될 것입니다"라고 말하지 말란 말입니다. 사람들이 기독교 신앙에 대하여 환멸을 느끼게 되는 이유가 바로 이것입니다. 물론 그리스도께서는 그들의 필요를 충족시켜 주실 것입니다. 그러나 그분은 우리의 각본에 따라, 우리가 바라는 시간에, 우리의 방식으로 그렇게 하지는 않으십니다.

나는 자신에게 문제가 있다는 사실을 전혀 몰랐다가 이를 깨달은 사람들을 그리스도께로 인도하고 있습니다. 이 사람들은 예수 그리스도께 나아와 성경을 공부하기 시작한 후 하나님이 "나는 네가 그리스도께서 하심같이 네 아내를 사랑하기 원하노라"라고 말씀하시는 것을 듣고 나서야 결혼이 필요했음을 깨닫게 되는 자와 같습니다. 그러므로 동기를 유발시키기 위해 사람들에게 해주는 말에 조심하십시오.

필요에 대한 의식

동기에는 두 가지 종류가 있습니다. 첫째는 비본질적인 동기 즉 외부로부터 오는 동기이고, 다른 하나는 더욱 의미가 깊은 동기 다시 말해서 내부로부터 오는 본질적인 동기입니다.

당신이 교사로서 할 일은 비본질적인 동기를 통해 본질적인 동기를 유발시키는 것입니다. 당신은 학습자의 내부로 들어가 샅샅이 살펴서 모든 것을 파악하고 싶어하지만 그것은 불가능한 일입니다. 학생의 내부에서 일어나는 일을 알기 위해서는 외부에서부터 접근해야 합니다.

로마서 12:1은 하나님이 내적인 동기 유발을 일으키시는 방법을 보여 줍니다. 바울은 다음과 같이 말합니다.

"...... 하나님의 모든 자비하심으로".

여기서 말하는 '자비하심'이란 어떠한 자비를 말합니까? 이것은 로마서 1~11장에 설명해 놓은 자비하심입니다. 바울은 하나님의 자비하심에 기초하여, 곧 하나님이 당신을 위하여 이루어 오신 것에 기초하여 "내가 너희를 권하노니 너희 몸을 ...... 산 제사로 드리라"고 말합니다.

복음주의적인 사람들이 제자로서 헌신하지 못하고 있는 이유들 중 하나는 우리가 그들에게 하나님을 위해 일하도록 요구하기 때문이라고 나는 확신합니다. 그러나 하나님은 자신이 우리를 위해 이루어 오신 것에 대하여 충분히 알려 주실 때까지는 우리에게 결코 자신을 위해 일하도록 요구하지 않으십니다. 하나님이 우리를 위해 하신 모든 것을 이해하게 되어 우리가 그 보답으로 가장 논리적이고, 합리적이며, 지적이고, 자연스러운 반응으로 자기가 갖고 있는 모든 것, 즉 마음과 감정과 의지를 하나님의 주권 앞에 바치기를 원하시는 것입니다. 이렇게 될 때 우리는 내적으로 동기 유발이 된 것이며, 성숙되어 가고 있는 것입니다.

우리 주위에는 중년의 나이가 넘었는데도 그저 착한 아이의 수준에 머물러 있는 사람들이 너무나도 많습니다. 그 원인은 부모나 교사들 가운데 아이들을 훌륭한 소년, 소녀로 기르는 것이 가장 큰 목표라고 생각하는 사람들이 너무나도 많기 때문입니다. 그러나 그들이 해야 할 일은 아이들을 성숙하고 자발적으로 계획을 실행하는 훌륭한 남자 혹은 여자로 기르는 것입니다.

동기 유발자의 역할을 하는 교사로서 당신은 학생들이 자발적으로 계획을 실행하는 자들로 성장하도록 도와주어야 합니다. 단, 그들에게 요구하거나 강요해서가 아니라 그들 스스로의 선택과 결정에 의해 행동하도록 해야 합니다. 이렇게 되도록 하는 최선의 방법 중 하나는 학습자로 하여금 필요를 느끼도록 돕는 것입니다.

  내가 당신에게 대중 강연에 대한 교육을 한다고 가정해 보십시오. 당신은 이렇게 말할지도 모릅니다.
  "저, 헨드릭스씨, 나는 그런 것에 흥미가 없습니다. 물론, 내가 말을 잘 하지 못해서 이러는 것은 아닙니다."
  그러면 나는 다음과 같이 말할 것입니다.
  "좋습니다. 나는 당신이 다음주 목요일에 실업인들의 오찬 모임에서 강연을 해주었으면 합니다. 그곳에 참석할 사람들은 비그리스도인들인데, 인원은 약 300-400명 가량이 될 것입니다. 강연 시간은 약 3분 정도로 해 주시기 바랍니다."
  이렇게 되면 당신도 더 이상 고집을 부릴 수가 없게 됩니다.
  "확실히, 확실히 3분간만 하면 됩니까?"
  "그렇습니다. 60초가 세 번만 지나면 된다구요."
  "하 하,…… 물론 그렇지요."
  다음 주 목요일에 강연 장소에 간 당신은 거기에 모인 사람들을 보자 전신이 마비되는 느낌을 갖게 됩니다. 당신은 마치 강연 노트가 달아날까봐 두려워하기라도 하는 것처럼 그것을 꼭 움켜 잡습니다. 당신은 그들 앞에서 농담을 한 마디 하다가 정작 해야 할 말은 잊어버립니다. 당신의 입에서는 강연을 시작하자마자 결론으로 해야 할 말이 튀어나옵니다. 그리하여 이후부터는 무슨 말을 해야 할지 몰라 당황하는 빛이 역력합니다. 당신의 눈에는 앞에서 셋째 줄에 앉은 사람들조차도 보이지 않습니다. 강연은 그야말로 죽을 쑤고, 결국 당신은 주저앉고 맙니다.
  "강연 시간이 너무 길어진 것 같은데……"라고 당신은 중얼거립니다.
  "9분밖에 안 지났는데요, 뭘. 대중 강연에 관해서 공부해 보는 것이 어떨까요?"

이 말을 꺼내자마자 당신은 기다렸다는 듯이 말합니다.

"우리 언제 시작할까요?"

이 정도 되면 대중 강연에 대해 배우고 싶은 욕구가 절실해진 것입니다. 이와 같이 교육 방법은 학생들의 실제 경험과 연관되어야 합니다.

나는 수년간 상담학을 가르친 바 있습니다. 하루는 한 학생이 수업 후 나를 찾아왔습니다.

"교수님, 뭐 해볼 만한 일이 없을까요?"

"있지. 잠시 기다려 보게."

나는 달라스에 있는 어린이 범죄 센터에 근무하는 한 친구에게 전화를 걸었습니다.

"거기서 좀 배웠으면 하는 학생이 있네."

"좋아. 내게 생각이 있으니 나한테 맡기게."

그래서 나는 그 학생을 그곳으로 보냈고, 어린이 범죄 센터에서는 그를 전과 26범인 14살 짜리 소년과 함께 독방에 가두었습니다. 그런데 그 소년은 나이가 차면 성인 감옥으로 이송되어 무기징역을 살기로 이미 형이 확정되어 있었습니다.

소년은 그 학생이 들어오고 뒤에서 문이 철컥하고 닫혔는데도 전혀 아랑곳하지 않고 여전히 창문턱 위에 기대고 서 있다가 천천히 뒤를 돌아보며 말했습니다.

"이곳에는 매일 저마다 다른 죄를 지은 사람들이 들어오지. 그런데 너는 무슨 죄 때문에 왔지?"

그 학생은 후에 나에게 말했습니다.

"교수님, 그때 저는 어찌할 바를 몰랐습니다."

그리고 그는 더 배우기 위해 깊은 결심을 하고 학교로 되돌아왔습니다.

한번은 대학 구내에 있는 남학생 사교 클럽에서 복음을 전하는 한 신학생을 만난 적이 있습니다. 그는 나에게 기도해 달라고 요청했습니다.

"학생은 내가 무엇을 기도해 주길 원하는가?" 하고 나는 물었습니다. 그는 "사람들이 나의 약점을 공격하지 않도록 기도해 주세요"라고 대답하였습니다. 나는 그렇게 기도해 주겠다고 말하였습니다.

그런데 다음날 그는 "주님께서 교수님의 기도를 들어주셨어요"라고 내게 말하는 것이었습니다. 그리하여 오늘날 그는 미국에서 대학생 사역을 가장 훌륭하게 감당하는 목사들 가운데 한 사람이 되었으며, 때때로 사교 클럽에서 복음을 전할 때 자신이 얼마나 아무 것도 모르면서 활동했는가를 회상하곤 합니다.

효과적인 훈련

우리는 올바른 훈련을 통해 학습자들에게 동기를 부여할 수 있습니다. 훈련은 크게 4단계로 구분됩니다. 첫째는 이야기하는 단계인데, 우리는 보통 이 방법을 많이 사용합니다. 이 단계에서 나는 언제나 내용을 원고지와 테이프에 기록해 두도록 했습니다. 학생들로 하여금 한 가지 방식에만 의존하게 하지 말고, 그 내용을 그들이 몇 번이고 재검토할 수 있는 형식으로 기록하게 하십시오. 그렇게 해야만 그들은 실제로 이해하기 시작할 것입니다. 연구 결과, 물론 예외가 있기는 하지만 효과적인 학습을 위해서 여성들은 책을 읽는 편을 더 많이 택하는 것 같고, 남자들은 테이프 듣는 쪽을 주로 택하는 것 같다는 결론을 얻었습니다.

다음 단계는 보여 주는 단계입니다. 즉, 본보기를 제시하는 단계입니다. 모델을 보여 주고 그것을 구체화시키십시오. 또한 곤경 중에서도 흔들리지 말고 진실되게 살아 학생들로 하여금 그러한 당신을 주목하게 하십시오. 당신이 진리를 실천하는 것을 볼 때 그들은 "저도 그렇게 살고 싶어요"라고 말할 것입니다.

우리는 이 단계에서 포기하는 경우가 많습니다. 주일학교 교사 훈련 과정에서 우리는 "다음 주에 이야기법(storytelling)에 관한 아주 중요한 모임이 있을 예정이니 꼭 참석해 주십시오"라고 말합니다. 그리고는 그 다음 주에 그들이 나오면 강사는 이렇게 말합니다.

"이야기는 매우 중요합니다. 예수님도 이 방법을 많이 사용하셨습니다. 위대한 교사들 역시 마찬가지입니다. 이야기법에는 다섯 가지 기본 요소가 있는데, 여기서 그것에 관하여 말하자면……."

이러한 식으로 나가다가 그는 결론에 이르러 다음과 같이 말합니다.

"질문하실 분 있습니까?"

그러나 이러한 상태에서 누가 질문을 하겠습니까? 비록 그들이 주의 깊게 경청하고 있었다 하더라도 그들은 강사가 말한 요점이 무엇인지 도무지 파악하지 못할 것입니다. 그리고 "다음 주에도 아주 유익한 교사 훈련 모임이 있으니 또 나오십시오"라고 말하더라도 그들은 모두 불참하고 말 것입니다.

셋째와 넷째 단계는 행함의 단계인데, 여기에는 두 가지 방법이 있습니다. 하나는 통제된 상태에서의 행함이며, 다른 하나는 통제되지 않은 상태, 곧 실생활 상태에서의 행함입니다.

나는 지금까지, 통신 교육 과정을 통해 수영을 배운다는 말은 한 번도 들어 본 적이 없습니다. 수영은 통신 교육 과정, 곧 수영에 관한 책을 읽거나 프로 수영 선수들이 수영장에서 얼굴을 물 위로 들어 올렸다 잠겼다 하며 헤엄쳐 나가는 것을 구경함으로써가 아니라 직접 수영을 해봄으로써 배우게 됩니다. 직접 물 속으로 들어가야만 배울 수 있는 것입니다.

나는 내가 아는 가장 저명한 교수들 중 한 사람이 가르치는 종합대학의 법률학 강의를 참관하도록 학생들을 보내곤 하였는데, 그는 텍사스에서 다른 법률학 교수들보다 더욱 성공적인 법정 변호사들을 배출하였습니다. 그는 약간 거친 사람으로 알려졌지만, 학생들은 그가 자신들을 사랑한다는 것과 모든 지식과 기술을 바쳐 자신들을 가르친다는 사실을 알고 있었습니다.

  그는 법정 변호학 강의를 할 때, 학생들을 기소자, 변호인, 판사, 배심원으로 나누어 실제 법정에서처럼 상황을 만들곤 합니다.

  모의 재판이 시작되자 곧 그 교수는 기소자에게 다음과 같이 비난하며 호통을 칩니다.

  "자네들은 지금 무얼 하고 있는건가? 재판을 그렇게 이끌어서는 안되네."

  그는 학생들의 헛점을 하나 하나 지적한 후 획 돌아서서는 다른 편에 있는 학생들에게 다음과 같이 도전합니다.

  "자네들은 내가 이러한 모의 재판 형식의 강의에서 무엇을 말하려는지를 이해했는가? 나는 재판 과정을 망쳐버렸네."

  수업 시간이 끝나자 그는 눈짓하며 말합니다.

  "제군들은 이 소송에서 이기는 법을 알고 싶은가? 자, 이리들 오게."

  그는 자신을 따르는 20명의 학생들과 함께 교정을 가로질러 식당에 가서는 커피를 함께 마시며 그 방법에 관하여 이야기를 들려 줍니다.

  언젠가 나는 그에게 어떤 교육 철학을 가지고 있는지 물어본 적이 있습니다. 그때 그는 다음과 같이 대답하였습니다.

  "나는 내 제자들이 강의실에서는 승리하고 실제 현장에서는 실패로 끝나게 하기보다는 차라리 강의실에서 실패하더라도 실제 현장에서는 승리하도록 하겠네."

  우리의 경우는 어떠합니까? 우리가 가르치고 있는 학생들은 교회 안에서는 승리하고 있지만 실제 세상에 나가서는 패잔병이 되어버리지는 않습니까?

　나는 7단계를 거치면서 개인적으로 복음을 전하는 방법을 교육받았습니다. 그러다가 어느 날 나는 이러한 사실에 대하여 생각해 보고는 그 과정들을 종합하여 결론적으로 고찰해 보았습니다. 솔직히 말해서, 그 과정 중 어느 것 한 가지도 괜찮은 것이 없었습니다.
　우리는 대학의 한 교육 과정에서 사람들이 복음에 대하여 취하는 일반적인 반론에 적절히 대응할 수 있도록 성경 구절을 암기하였습니다. 그리고 난 후 우리는 시카고의 유니온 기차 정거장으로 전도를 나갔습니다. 그런데 내가 만난 첫 번째 사람이 그 목록에는 나오지 않는 반론을 제기하였습니다. 결국 나는 우물쭈물하고 말았습니다.
　물론 대학과 신학교에 다니던 학생 시절에 나는 지루한 강의 때문에 골치를 썩을 때가 많았습니다. 강의를 들을 때마다 나는 다음과 같이 생각하곤 하였습니다.
　'여보시오. 그런 초라하기 그지없는 강의가 어디에 또 있겠소? 당신의 강의는 내가 지금까지 들어온 것 중 가장 형편없소.'
　그러던 어느 날 나는 한 순회 선교사에게 나의 이런 감정을 표현했습니다. 그러자 그는 다음과 같이 말했습니다.
　"나도 과거에 당신과 같은 문제를 갖고 있었습니다. 그러나 당신의 비판은 건설적인 것이 아니라 파괴적입니다. 강의실에 들어가면 강의 노트 가운데에 세로로 줄을 그어 한쪽은 당신이 보통 하는 식으로 기록하고, 다른 한쪽은 당신이 수업을 진행한다고 가정하여 강의안을 작성해 보십시오."
　그것은 나쁜 제안은 아니었습니다. 그래서 나는 그의 제안을 따랐고, 지금에 와서는 그때를 되돌아보면서 강의 시간에 내가 신학 교육 철학을 어떻게 구체화했던가를 볼 수 있게 되었습니다. 그리고 내가 신학교에서 가르치게 되리라고는 생각지도 않았지만, 학생 때 내가 받았던 교육방법보다 더 나은 방법이 있다는 것을 나는 알게 되었습니다.

내가 신학교에서 설교학을 가르칠 때 학생들과 나는, 내가 숙제로 냈던 것과 관련하여 재미있는 일들을 많이 경험하였습니다. 숙제는 이러했습니다. "원하는 예화를 한 가지 택하여 설명하되, 어느 측면에서 설명해도 됨. 그것을 말로 발표할 수 있도록 준비해 가지고 올 것."

다음 강의 시간이 되자 몇몇 학생들은 내가 자신들을 보지 않기를 바라며 의자에 움츠리고 앉아 있었습니다.

나는 그들 중 한 명을 지적하였습니다.

"좋아, 자네가 시작해 보게."

"교수님, 제가요?"

"그래, 자네 말일세."

그는 마지못해 일어나 이야기를 시작하다가는 멈추는 것이었습니다.

"교수님, 끝부분은 잊었습니다. 앉아도 되겠죠?"

"안돼, 앉을 수 없네. 이 학생이 앉기를 원하는 사람 있습니까?"

학생들은 모두 "아니오"라고 합창을 보냈습니다.

"누구도 자네가 앉기를 원치 않아."

결국 그는 나머지 부분을 기억해 내었습니다. 동료들은 박수갈채를 보냈고, 그제서야 그는 웃으면서 자리에 앉았습니다.

"이런 경험이 처음인가?"

"그렇습니다, 교수님."

"어때, 재미있었나?"

"아뇨, 끔찍스러웠습니다." 하고 그는 웃었습니다.

나는 그 시절의 학생들로서 현재 설교사역자로 존경해 마지 않는, 국제적으로 유명한 설교가들의 이름을 얼마든지 열거할 수 있습니다. 그러나 당신은 먼저 그들이 학생 시절에 반에서 했던 최초의 설교를 들어 봤다면, 아마 듣기에 고통스러운 순간이었을 것입니다.

나 역시 생전 처음으로 설교했던 교회에서 사람들이 예배를 마치고 교회문을 나설 때 그들에게 인사했던 것을 기억하면 지금도 식은 땀이 납니다. 그때 나는 '오, 주여, 어찌하여 나는 이렇게 밖에 할 수 없었나이까?' 하고 원망하였습니다. 나는 쥐구멍에라도 들어가고 싶은 심정이었습니다. 사람들이 "오, 헨드릭스, 정말 은혜스러운 설교였어요."라고 말했지만 나는 그들이 거짓말하고 있다는 것을 알았습니다. 그러나 누구나 다 이렇게 시작하는 것입니다.

효과적인 훈련의 또 다른 특징은 사람들에게 책임과 함께 의무 이행 능력을 부여하는 것입니다. 그런데 문제는 교회에서 그러한 일을 하지 않는다는 것입니다. 미국 정부에서는 19세 아이들에게 수백만 달러짜리 비행기를 실습용으로 맡깁니다. 그러나 교회는 정부만큼 그들에게 일을 맡기지 않고 신경을 쓰지 않습니다.

당신이 무엇인가에 투자하면 할수록 그만큼 그 가치를 인정하게 됩니다. 또한 투자를 많이 하면 할수록 이익도 그만큼 많게 되는 것입니다. 훈련에 관한 한 권위자는 세계에서 가장 훈련을 잘하는 이들은 사이비 기독교인들이라고 말합니다.

수술 후 회복을 위해 집에 있을 때였습니다. 말쑥하게 차려입은 낯선 사람 둘이 우리 집 문을 노크하였습니다(비록 주일 아침이 불신자들이 집에 있을 가망성이 가장 많은 때이기는 하지만 복음 전도자들은 주일 아침에 전도하기 위해 방문하지는 않습니다). 한 사람은 나이가 꽤 들어 보였고, 또 한 사람은 젊은이였습니다. 나는 그들을 안으로 안내했습니다.

우리는 성경의 여러 구절들에 대해 이야기를 나누었는데, 그들은 자주, "그런데 헬라어 성경은 이렇게 말하고 있습니다"라고 말하였습니다. "헬라어요? 도대체 헬라어가 그것과 무슨 관계가 있단 말입니까?" 하고 내가 물었습니다. 그러자 젊은이가 이렇게 대답하였습니다.

"저, 헨드릭스씨, 당신은 신약에 대하여 잘 모르시는군요. 신약은 헬라어로 쓰였어요."

"재미있군요. 그럼 당신은 헬라어를 아십니까?"

"예, 그렇습니다. 그것이 우리가 받고 있는 훈련의 일부니까요."

"좋습니다"라고 말하고서 나는 헬라어 신약 성경을 꺼내어 그에게 건네 주었습니다. 그러자 그의 얼굴은 순식간에 몹시 난처해 하는 듯한 표정으로 변하였습니다.

이때 나이가 든 사람이 즉시 그를 구해내려고 하였지만 나는 그들의 주장을 논박하기 시작하였습니다.

"당신들도 보다시피, 헬라어 성경은 당신들이 주장하는 바와는 전혀 다르게 말하고 있습니다."

그러자 그들은 그만 두고 떠나려고 일어섰습니다.

그들은 어디로 갔을까요? 우리 옆집으로 갔을까요? 아닙니다. 옆집으로 바로 가지는 않았습니다. 그들이 그럴 정도로 우둔하지는 않습니다. 그들에게는 이런 것이 다 훈련받고 배우는 순간이었습니다. 나는 그 두 사람이 조금 멀리 거리로 내려가 한 시간 동안 이야기하는 것을 지켜보았습니다. 훈련자인 나이가 든 사람이 틀림없이, 그 젊은이에게 다음에 이와 같은 경우에 어떻게 대처해야 하는가를 가르쳤을 것입니다. 그런 후에 그들은 우리 옆집으로 가는 것이었습니다. 나는 다음 날 옆집 사람에게 물어 보았습니다.

"짐, 두 사람 중 누가 자네에게 이야기하던가?"

"젊은 사람이었어."

당연히 그랬을 것입니다. 그 젊은 사람이 훈련중이었으니까요.

개인적인 접촉

 당신은 판결문이 낭독되고 있는 법정에 들어가 본 적이 있습니까? 그곳에 가보면, 낭독자는 법률상의 특수 용어에 대해 자기 방식대로 중얼거리고 있고, 판결을 받는 사람 이외의 모든 사람들 절반쯤은 졸고 있기가 일쑤입니다.

 적용 : 당신이 가르치는 내용에 학생의 이름을 온통 기록해 놓았는데, 학생들이 그 책에 자기 이름이 여기저기 써 있다는 것을 알게 된다면 배우고자 하는 동기 유발에 큰 변화가 올 것입니다.
 나는 같은 학교에서 35년 이상 가르쳐 왔지만 하나님이 나의 삶을 통하여 만나게 해준 학생들 중 몇몇에 대하여 내가 미친 영향을 생각해 볼 때는 참으로 부끄러울 수밖에 없습니다. 하나님이 지금까지 나를 사용해 오신 것은 나 자신에게 능력이 있어서가 아니라 그분의 은혜, 곧 사람을 변화시키는 성령님의 능력을 내게 확신시켜 주셨기 때문입니다.
 나는 성령님이 당신에게도 그와 같은 확신을 주셨다고 믿습니다. 왜냐하면 만일 당신에게 그러한 확신이 없다면, 당신의 사역의 영향은 언제나 제한될 것이기 때문입니다. 성령님은 자신이 배우는 자에게 내적으로 역사하는 동안, 우리를 외적인 동기 유발의 수단으로 사용하길 원하십니다.

 내가 아는 가장 훌륭한 동기 유발자들 중 어떤 이는 결코 교실에서 일하는 법이 없습니다. 그들은 이름도 없이 제자로서의 신분에 걸맞는 삶을 살면서 다른 사람들의 삶과 시각을 변화시키고 있습니다. 그들이 그렇게 할 수 있는 이유는 무엇입니까? 그것은 그들이 기꺼이 다른 사람들의 삶에 동참하고자 하기 때문입니다.

나는 모든 사람은 누구나 예외 없이 배우는 데 동기 유발을 받을 수 있다고 확신합니다. 하지만 모든 사람이 동기 유발을 동시에, 그리고 같은 사람에 의해, 같은 방법으로 받게 되지는 않습니다. 그래서 시기가 매우 중요합니다. 가르침은 훗날에 다른 장소에서 시한 폭탄이 폭발하도록 폭탄을 장치하는 행위와도 같은 것입니다. 그러므로 당신이 훌륭한 선생이 되기 위해서는 믿음으로 행할 뿐 아니라 오랜 인내가 있어야 합니다.

당신이 모든 개인에 대한 하나님의 해답은 아닙니다. 당신은 그리스도의 몸을 이루는 지체들 가운데 일부일 뿐입니다. 당신은 내가 접촉할 수 없는 사람들과 접촉할 수 있지만, 어떤 이들은 우리가 그 마음을 움직이지 못하는 사람들에게 큰 영향을 미칠 수도 있습니다.

창조적인 동기 유발

우리 교회가 표어로 내세우고 있는 것은 '전 세계에 나가서 사진을 찍어오자'입니다. 우리가 아시아에 가기 전에 교인들은 여행하는 다른 이들에게도 그랬듯이, "꼭 사진을 찍어 오십시오"라고 부탁하였습니다. 그래서 우리는 그곳에서 될 수 있는 한 많은 사진을 찍었고, 돌아와서는 그 사진들을 그들에게 보여 주었습니다.

나는 진에게 말했습니다.

"이제 우리 2단계로 넘어갑시다."

주일 저녁예배 후 우리는 친교 시간에 의학 박사 세 명을 초대하였습니다. 나는 그들을 우리 집으로 불러 그 사진들을 보여 주었습니다.

"여기가 부족에서 멀리 떨어져 있는 진료소입니다."

그들은 "그 진료소는 어떻게 시작되었습니까?"하고 관심을 갖고 물었습니다.

"하버드 의학대학에서 온 한 외과 교수에 의해 시작되었다고 합니다."

나는 계속하여 말했습니다. "그 다음 사진은 약국입니다."

그들은 그 약국의 진열장을 살펴보았지만 그곳에는 텅빈 선반들 외에는 아무 것도 없었습니다.

"약국이라구요? 그럼 약제사들은 어디에 있습니까?"

"나도 모릅니다. 사진에 나타난 것이 전부입니다."

그들 중 한 사람이 말했습니다.

"잠깐만요. 약품도 하나 없는 데를 어떻게 약국이랄 수 있습니까?"

"나도 모릅니다. 그러나 그것이 그들이 갖고 있는 전부입니다." 나는 계속해서 다음 사진을 보여 주었습니다. 우리가 다른 사진들을 계속하여 보는 가운데에도 '아니, 도대체 약품 하나 없는 약국이 어떻게 존재할 수 있을까?' 라는 그들의 의문점은 사라지지 않고 있었습니다.

이 일을 계기로 현재 세 의사를 비롯한 다른 많은 사람들은 약품이 모자라는 세계 도처에 수백만 달라 어치의 약품을 보내고 있습니다.

일단 당신이 맡은 학생들을 알게 되면, 그들도 당신을 알게 하십시오. 그리고 그러한 지식을 동기 유발의 수단으로 활용하십시오. 하나님이 사람들을 각각 다른 방법에 따라 동기를 유발시키시기 때문에 우리는 창조적이고 다양한 방법을 사용할 필요가 있습니다.

나는 고등학생들을 비롯한 다양한 연령층을 가르쳤습니다. 또한 전문적인 직업인들뿐만 아니라 하류 계층의 사람들도 가르친 경험이 있습니다. 남자만 가르쳐 보기도 하고 여자만 가르쳐 보기도 했습니다. 또한 의사들과 변호사들, 그리고 어린이들을 가르치기도 했습니다. 그런데

이 모든 부류는 각각 능력과 관심이 달라서 창조적으로 접근하는 것이 필요했습니다.

십대들의 경우를 예로 들어 봅시다. "우리는 도저히 이 아이들에게 하나님의 말씀에 대하여 흥미를 갖도록 할 수가 없습니다"라는 말을 나는 자주 듣습니다. 그러나 나는 그 말을 믿지 않습니다. 왜냐하면 문제는 우리가 그들의 관심과 능력의 영역에 우리의 독창적인 미끼를 던지지 않는 데 있기 때문입니다.

우리는 그들이 대안을 찾아내도록 돕기보다는 주로 그들이 행하는 것과 그 방법에 대해 비난하거나 꾸짖습니다. 그러나 아무 대안 없이 결코 금하기만 해서는 안됩니다. "너는 이것을 할 수 있다"고 말해 주지는 않으면서 무조건 "저것을 하지 말라"고 말해서는 안됩니다.

예를 들어, 교회에서는 아이들이 속된 음악을 듣는다고 나무랍니다. 나는 그런 어른들에게 다음과 같이 묻고 싶습니다.

"당신들은 아이들에게 그들의 음악 세계를 표현할 기회를 줄 생각을 해 본적이 있습니까?"

그러면 그들은 소스라치게 놀라면서 "당신은 아이들에게 교회 안에서 그렇게 할 기회를 주어야 한다고 생각합니까?"라고 반문합니다.

이에 대해 나는 "당신들은 내 말이 유흥업소에서 그렇게 할 기회를 주어야 한다는 뜻으로 들립니까? 나는 교회에서 그런 기회를 마련해 주어야 한다고 생각합니다."라며 나의 생각을 피력합니다.

나는 아이들이 예배 시간에 사용할 찬양을 작곡하기 위하여 성경을 몇 시간 동안 공부하는 모습을 본 적이 있습니다.

복음주의 공동체가 가지고 있는 폐해 중 하나는 모든 창조력을 질식시키려는 경향입니다. 창조력을 이용할 수 있음에도 불구하고 우리는 그것을 발산할 출구를 제공해 주지 않고 있습니다.

나는 젊은 천재 음악가를 한 사람 알고 있는데, 그는 10대였을 때부터 처음으로 지방 교향악단에서 연주를 지도했고, 20대였을 때는 뉴욕 필 하모니의 초빙 지휘자로 일하였습니다. 그러나 그는 자기 고향의 복음주의 교회에서 성장하였지만 그 교회에서는 결코 한 번도 그의 음악적인 재능을 사용하지 못했습니다. 그 결과 현재 그는 예수 그리스도로부터 멀리 떠나 있습니다.

발휘되어야 할 능력

어떤 이들은 나에게 자신들이 성경을 증거하기 전에 그것이 하나님의 말씀인지 시험해 보아야만 한다고 말합니다. 그들은 그 말씀을 매일의 삶 속에서 드러내지 못했으며, 말씀의 능력이 역사하고 드러남으로써 발생하는 근본적이고 초자연적인 변화를 보여 주지 못하였습니다.

나는 "도대체 당신은 어떻게 사람들에게 동기를 유발시키십니까?"라는 질문을 몇 번이고 반복하여 받습니다. 이에 대해 나는 다음과 같이 답변합니다.

"당신이 어떤 사람에게 2만 볼트의 전기 충격을 가한다고 하면, 그 사람은 뒤돌아보며 '당신이 내게 무슨 말을 했습니까?'라고 묻겠습니까? 아닙니다. 그는 그 이상의 큰 반응을 보일 것입니다."

중요한 것은 동기 부여를 받았느냐 하는 사실입니다. 동기 유발을 받은 사람만이 다른 사람을 변화시킬 수 있기 때문입니다.

월터 모벌리경은 그의 저서 「대학에서의 위기」(the Crisis in the University)에서, 복음 전도자들이 복음을 갖고 대학 캠퍼스를 침입하는 것에 실패했던 경험을 인용합니다. 그리스도를 따른다고 주장하는 이들에게 그는 다음과 같이 말합니다.

"만일 당신의 믿음 중 십분의 일이라도 참되다면, 당신은 열 배의 반응을 나타내야만 합니다."

너무나 많은 기독교인들이 아주 가치 있고 궁극적인 것에 대해서조차 별다른 열정을 갖지 못하고 있습니다. 만일 당신이 대하는 모든 것이 진정으로 감동적인 것이라면, 그것에 대해 참으로 뜨거운 열정을 보이십시오!

생각해 봅시다
(개인적인 평가 및 교사들과의 토의를 위한 질문)

1. 당신은 자신이 가르친 결과가 학생들의 삶에 어떤 변화를 가져오기를 기대합니까?

2. 질문 1에 대한 당신의 답변들에 대하여 재고해 보십시오. 혹시 기대치가 너무 높거나 지나치게 낮지는 않습니까, 아니면 적당히 높은 것입니까? 만일 몇몇 기대들이 너무 높거나 너무 낮은 것이라면, 당신은 특별히 그것들을 어떻게 실제로 조화시킬 수 있겠습니까?

3. 당신이 가르치고 있는 학급에서 어느 순간에 동기 유발이 되고, 현재의 학생들 중 어느 정도가 당신으로부터 배우는 데 고도로 동기 유발을 받게 된다고 생각합니까?

4. 당신의 반 학생들이 지루함을 느끼고 있다는 징후는 무엇입니까?

제 7 장

준비의 법칙

- 바람직한 숙제
- 침묵과 싸우기
- 대답하기 어려운 질문 처리법
- 토의를 독점하는 자들을 통제하기
- 올바른 노트 필기
- 생각해 봅시다

너무나 많은 교사들이 준비를 부분적으로 하거나

전혀 준비 없이 가르칩니다.

그들의 그런 태도를 보면 마치 가르칠 것이 전혀 없는 것처럼 보입니다.

그들은 수고에서 나오는 열매를 제공하는 능력도,

열정도 가지고 있지 않습니다.

- 존 밀튼 그레고리 -

경주자들은 시합 전에 근육을 푸는 운동을 합니다. 관현악단은 연주에 들어가기 전에 조율을 합니다. 이와 마찬가지로, 배우는 자와 가르치는 자에게도 준비가 필요합니다.

이제 준비의 법칙에 대하여 살펴봅시다. 가르침과 배움의 과정은 선생과 학생이 충분한 준비를 하고 있을 때 가장 효과적으로 이루어집니다. 선생들에게 있어 심각한 문제 중 하나는 학생들이 냉담한 자세로 수업에 임한다는 점입니다.

당신이 교회의 장년부에서 이사야서를 가르치고 있다고 가정해 봅시다. 이런 경우에 당신은 가르치는 데만도 60분이 걸릴 것입니다. 그것은 그들이 미리 예습을 하지 않았기 때문입니다.

당신은 성경 공부 시간을 화기애애한 분위기로 이끌기로 마음먹고 "여러분, 이사야 27장을 펴시겠습니까?"라고 말하며 수업을 시작합니다. 이때 그들의 머리 속에는 즉시 이런 생각이 떠오릅니다.

'이사야 27장에 뭐가 있지?'

'그걸 누가 알겠어?'

'누가 그런 것에 관심이나 있겠나?'

하지만 당신은 유능한 선생일 뿐 아니라, 오늘날 우리가 이사야 27장의 메시지에서 말하는 대로 살아야 한다고 믿고 있어서 이사야 27장을 완전히 이해해야 하며, 그것을 자기 것으로 만들어야 한다고 생각합니다.

학생들은 점차 이사야 27장에 관심을 갖기 시작합니다. 그리고 시간이 끝나감에 따라 그들에게는 질문거리가 생겨나기 시작합니다. 당신이 가르친 이사야 27장이 그들이 살아가면서 필요로 하는 것이나 문젯거리와 연결된 것입니다. 다시 말해서, 당신은 그들에게 큰 관심을 불러일으킨 것입니다. 그러나 이미 시간이 다 되었습니다. 수업이 끝난 것입니다.

일주일 후에 당신은 또다시 이런 투로 시작합니다.

"여러분, 이사야 28장을 펴시겠습니까?"

'이사야 28장에 무엇이 있나?'

'그걸 누가 알아?'

'그런 것에 누가 관심을 갖기라도 하나?'

당신은 늘 이러한 식의 반복된 방법으로 이사야서를 가르칠 것입니다.

더 나은 성경 공부가 되도록 하기 위해 나는 당신에게 다음과 같은 방법을 권하고 싶습니다. 즉, 주제에 대하여 관심을 갖게 하는 것으로 성경 공부를 시작하지 마십시오. 그보다는 일상의 이야기로부터 출발하는 것이 좋습니다. 그렇게 되면 학생들과 교제하는 시간이 많아져서 자연스럽게 그들과 하나가 될 수 있을 것입니다. 이런 자연스런 상황에서 학생들은 학습 시간이 끝날 때까지 질문에 대한 답변과 그들이 가지고 있던 문제들에 대하여 해결 방법을 발견하게 될 것이며, 성경을 독자적으로 혹은 다른 사람들과 함께 계속해서 연구하고자 하는 자극을 받게 될 것입니다.

바람직한 숙제

준비의 법칙은 숙제에 대한 철학적인 기초를 제공합니다. 이러한 말을 언급하는 것만으로도 당신은 다음과 같은 반응을 보일지도 모릅니다.

"하지만 헨드릭스 씨, 당신은 우리 학생들을 이해하지 못하고 있어요! 그들은 숙제를 하지 않을 겁니다. 그것은 시간 낭비예요."

당신이 숙제를 내지 않으면, 학생들이 숙제를 하지 않으리라는 것은 당연합니다. 하지만 당신은 왜 그들의 입장에 서보려고 노력하지 않습니까? 자, 이제 당신에게 도움이 될 수 있는 것을 제시해 보겠습니다.

수업을 할 때 대개의 상황은 이렇습니다. 당신은 성경의 어떤 구절을 철저히 준비합니다. 그러나 학생들은 지난 6개월 동안 그 구절을 한 번도 읽어 보지 않았습니다. 당신은 그 구절에서 의문에 대한 답변과 문제점에 대한 해결의 열쇠를 발견해 가지고 교실에 들어오지만, 학생들은 아무 준비도 없이 학습에 임합니다.

이러한 상황은 주일 아침 설교 때도 마찬가지인데, 나의 판단으로는 이러한 현상이 설교의 가장 큰 취약점입니다. 곧, 청중들은 설교를 들을 준비가 전혀 되어 있지 않으며, 따라서 설교 말씀이 귀에 전혀 들어오지 않으며, 그 말씀대로 살려고 하는 사람도 더욱 적은 것입니다.

숙제의 가치에 대하여 잠시 생각해 봅시다. 숙제에는 특별히 다음과 같은 세 가지의 유익이 있다고 나는 생각합니다.

1. 숙제는 사고를 촉진시킵니다. 숙제는 정신적인 준비 운동입니다. 숙제는 수업이 시작되기 전에 마음의 준비를 하게 해줍니다.

2. 숙제는 학습 내용에 대한 기초를 제공해 줍니다. 학생들은 그 성경 구절에 관한 문제들과 쟁점들을 의식하게 되고, 그 구절이 자신의 삶과 어떻게 관련되는가도 알게 됩니다. 그것은 그에게 호기심이 일어나고 있다는 것입니다.

3. 숙제는 독자적으로 연구하는 습관을 길러 줍니다. 이것은 숙제에서 얻게 되는 가장 중요한 이점이기도 합니다. 숙제는 사람들로 하여금 단지 하나님의 말씀을 듣는 데에만 매달리지 않고 스스로 그 말씀 안에 거하도록 자극합니다. 그래서 그들이 하나님의 말씀 안에 있게 될 때 현

재 그들의 위치에서 어떤 일이 일어나는가를 주목해 보십시오.

교사로서 당신의 목표는 배우는 자들을 일생 동안 발전시키는 것임을 꼭 기억하십시오. 또한 가르치는 시간에 당신은 대리인이 되어서는 안 되며, 자극을 주는 자가 되어야만 합니다. 그리고 당신이 사람들로 하여금 하나님의 말씀에서 개인적으로 자극을 받게 할 수 있는 유일한 방법은 하나님의 말씀에 그들이 직접 부딪치도록 하는 것입니다.

그러면, 바람직한 숙제의 특징들은 무엇입니까? 첫째, 그것은 단지 사람들을 바쁘게만 하는 일이 아니라 창조적인 일이어야 합니다. 당신은 숙제에 대하여 명백한 목적을 가지고 있어야 합니다. 곧, 숙제는 일정한 목적을 갖고 계획되어야만 하는 것입니다. 숙제를 계획하는 데는 많은 시간이 필요합니다. 왜냐하면 창조적인 숙제를 제시하는 일이 누워서 떡 먹는 것처럼 쉬운 일은 아니기 때문입니다.

둘째, 숙제는 사고를 고무시키는 것이어야만 합니다. 숙제는 많은 답을 묻는 것보다는 많은 질문을 불러일으키는 것이어야만 한다는 말입니다. 다시 말해서, 숙제를 통하여 배우는 자의 지성을 신장시켜야 한다는 말입니다. 사고한다는 것은 고통스러운 일이지만, 그것이 성령의 지도하에서 진행될 때에는 유익하게 될 수 있다고 나는 생각합니다.

셋째, 숙제는 할 수 있는 것이어야만 합니다. 학생들의 능력이 미치지 못하는 것은 숙제로 내지 마십시오.

그러나 비록 당신이 창조적이며 사고를 고무시킬 수 있고 행할 수 있는 숙제를 내려고 최선을 다했는데도 학생들이 숙제를 해오지 않았다면, 당신은 어떻게 하겠습니까?

그에 대한 해결책은 간단합니다. 수업중에 즉석에서 숙제를 하게 하십시오. 칠판에다 사고를 고무시키는 질문을 쓰고, 학생들이 그 문제에 답이 될 만한 성경 구절을 읽게 하십시오. 먼저 문제를 제기하고, 이에 해당되는 성경 대목을 읽게 하라는 것입니다. 그러면 학생들은 자신들이 찾고 있는 것이 무엇인지를 알게 될 것입니다.

또 다른 방법은 이러합니다. 우선 학생들의 경험담에 귀를 기울이십시오. 그리고 그들이 집에서, 직장에서, 그리고 학교에서 어떠한 문제들에 직면하고 있는지를 물어 보십시오. 나는 질문에 답하지도 않고 숙제도 하지 않는 것으로 낙인찍힌 두 학급에서 이 방법을 사용해 보았습니다.

학생들의 경험담을 다 듣고서 나는 "이야기 잘 들었습니다"라고 말하고는 3~5개 묶음의 카드를 나누어 주면서 "여러분도 알다시피, 나는 여러분을 매우 신뢰합니다. 나는 여러분이 다양한 계층에 속해 있으며, 여러 분야에서 활동하고 있다는 것을 알고 있습니다. 자, 이제 이 카드를 한 장씩 받되 그 위에 이름을 쓰지 말고 다음과 같은 질문에 대하여 답변만 적어 주십시오. 여러분이 지금 당장 해결받아야 할 일이 있다면, 그것이 무엇이든 간에 세 가지만 적으십시오."하고 말했습니다.

학생들은 3~4분 동안 생각을 정리한 후에 그것을 기록하였고, 나는 그 카드들을 걷은 다음 몇 개를 골라 읽었습니다. 그런데 돌연 어떤 학생이 이렇게 말하는 것이었습니다.

"그것이 우리가 지금 이 자리에서 다루어야 할 문제입니까?"라고 반문했습니다.

얼마 후 나는 토의를 진정시키느라고 애를 먹었습니다. 참으로 힘든 수업이었습니다.

한번은 그 반에서 한 학생이 다음과 같이 말하였습니다.

"이 시간에 이런 이야기를 해도 좋을지 잘 모르겠지만, 솔직히 말해서 아내와 나는 지난 목요일 밤에 '만일 우리가 부부로서 행동을 함께 할 수 없다면 이혼할 수밖에 없어'라고 말했습니다."

정말이지 하늘이 무너질 것 같은 고백이었습니다. 이렇게 해서 우리의 토의는 빗나간 진행이었고, 중단되었다가 다시 시작되었습니다.

만일 사람들이 교회의 성경 공부 시간에 이러한 문제들에 대하여 말할 수 없다면 도대체 어디서 그런 말을 할 수 있겠습니까?

연구 결과, 흥미롭게도 예상과 충격간에는 직접적인 상호 관계가 있다는 것이 밝혀졌습니다. 예상된 일일수록 충격은 그만큼 약해집니다. 그러나 예상할 수 없었던 일일수록 충격을 강하게 받게 됩니다(이것은 도덕이 아니라 방법론과 관계가 있다는 것에 주목하십시오).

이에 대한 실례는 예수 그리스도의 생애에서 찾아볼 수 있습니다. 어느 날 헤롯당원들과 바리새인들이 함께 모였습니다. 사실 이전에 이들은 결코 함께 모인 일이 없었습니다. 그들은 공동의 적을 맞게 될 때 외에는 길을 걸을 때도 같은 쪽으로 다니지 않았습니다. 그러나 예수 때문에 그들은 함께 모였던 것입니다.

"우리 그에게 과세 문제로 일격을 가합시다(헤롯당원들은 로마 제국을 위하는 자들이며, 바리새인들은 로마 제국을 반대하는 자들이었습니다). 과세에 대하여 그에게 물어 봅시다. 만일 그가 자기도 세금을 내야 한다고 말하면, 그를 바리새인인 우리가 십자가에 못박으리다. 그러나 만일 그가 납세를 반대한다면, 헤롯당원인 당신들이 그를 십자가에 못박아 버리시오. 자, 그에게로 갑시다."

그들은 예수님을 찾아가서 이렇게 말하였습니다.

"선생님! 세를 내야 옳습니까, 내지 말아야 옳습니까?"

이때 예수께서는, "동전 하나 있느냐?"고 물으셨습니다.

"동전이요? 그럼요. 여기 있습니다." 그들은 그분에게 동전 하나를 건네 주었습니다.

"이 위에 그려진 화상은 뉘 것이냐?"

"하하하…… 가이사의 것입니다."

"그렇다면 가이사의 것은 가이사에게, 하나님의 것은 하나님께 바치라."

그들은 어쩔 줄 몰라 하면서 물러가서 길 모퉁이에 모였습니다. 그때 그들 중 누군가가 이렇게 말했습니다.

"도대체 누가 그 얼간이 같은 질문을 생각해냈어?"

이와 같이 예수님은 너무나도 예측할 수 없는 분이셨기에 언제나 관심의 대상이 되셨습니다.

그러나 요즈음 교회들은 대부분 성경 공부나 주일학교 운영이 구태의연해서 성도들이 참는 데 많은 인내를 필요로 합니다. 그 과정이란 손바닥 들여다 보듯이 내용이 너무 뻔해서 잠시 잠을 자다가 깨어도 예상대로 진행되고 있을 정도입니다. 이는 마치 영국 출신의 한 감독이 다음과 같이 말했던 것과도 같습니다.

"여러분도 알다시피, 사도 바울이 가는 곳마다 소동과 부흥의 불길이 일어났습니다. 그리고 내가 가는 곳마다 사람들은 차(tea)를 대접합니다."

그렇다면, 당신이 가는 곳에서는 어떤 일들이 벌어집니까?

침묵과 싸우기

당신은 개에게 어떤 심각한 질문을 한 후에 그 개의 표정을 본 일이 있습니까? 바로 그 개의 표정이 내가 반에서 학생들에게 무엇인가를 질문할 때 그들로부터 종종 받게 되는 반응과 같습니다. 그 반응은 바로 말 못하는 강아지의 표정같이 묵묵합니다.

그래서 나는 그들이 나의 질문을 이해하지 못한 것으로 생각하고는 말을 바꾸어서 다시 질문합니다. 그런데도 반응은 여전합니다. 그리고 실제로, 다음과 같이 말하는 학생도 있습니다.

"할 말이 없어요. 선생님은 전문가시니 선생님이 말씀해 주십시오."

이 말을 듣고 나는 다음과 같이 대답합니다. "하지만 여러분은 삶에 있어서 전문가입니다. 나는 여러분을 신뢰합니다. 여러분이 생각하는 것을 말하기만 하면 됩니다. 여러분의 마음에 있는 것을 듣고 싶습니다."

나는 이렇게 다시 질문하고는 아무 말도 하지 않습니다.

그들은 침묵을 끔찍스러울 정도로 좋아하는 것 같습니다. 몇몇 학생들이 간혹 기침을 합니다. 그러나 나는 그들이 먼저 말문을 열 때까지 참고 기다립니다.

마침내 어떤 학생이 이야기를 꺼냅니다.

"저, 제가 생각하는 바를 말씀드리겠습니다. 옳지 않을지도 모릅니다만, 저는…… 생각합니다."

이렇게 해서 결국 나와 학생들간의 장벽이 무너집니다.

나는 성인들을, 예를 들어 변호사든, 프로 운동선수든, 공장의 노동자든, 그 신분에 관계없이 가르쳐 보았는데, 그들에게 한 가지 공통점이 있다는 사실을 수년간의 관찰을 통하여 발견했습니다. 곧, 성경에 대한 이해와 적용에 있어 확신하는 바가 적기 때문에 성경 공부 시간에 자기의 생각을 자신있게 말하지 못한다는 것입니다. 당신이 만약 이러한 상황에 직면한다면 어떻게 하겠습니까?

달라스 카우보이라는 미식 축구팀과 성경 공부를 시작한 초기에 나는 그들에게 이렇게 말했습니다.

"여러분, 우리 이제 성경 공부하는 법을 배우기로 합시다."

그러자 그들의 얼굴은 어이없어 하는 표정이었습니다. 그들은 "대단히 감사합니다만, 우리는 축구 선수들이에요."라고 말하였습니다. 이때 쿼터백(미식 축구에 있어 forward와 halfback 중간에 위치함 - 역자주)들 중 한 사람이 라인멘(공을 받는 사람 - 역자주)들은 글을 읽지도 못한다고 말했습니다. 그렇지만 나는 그들에게 성경을 소개하였고, 그들이 무엇을 찾아야 하는가를 배우도록 도왔습니다. 그래서 그들이 성경에서 찾아야 할 것을 발견할 때마다, 비록 그것이 아무리 초보적인 것이었다 하더라도 나는 너무나도 기뻐서 어찌할 바를 몰랐습니다.

성경 공부의 비결은 사람들에게 무엇을 찾아야 하는지를 가르쳐 주는 것입니다. 그러면 그들은 그것을 찾을 수 있습니다. 만일 사람들이 당신을 신뢰한다면 당신은 그러한 기회를 이용하여 그 신뢰가 그들 자신에 대한 신뢰로 변화될 수 있도록 도와야 합니다. 이때 당신에 대한 신뢰도가 높을수록 그들이 자신을 신뢰할 가능성은 그만큼 더 커집니다. 하지만 어떤 이들은 수년간 수동적인 생활을 해왔기 때문에 자기 자신을 신뢰하게 만들기는 대단히 어려운 일입니다. 사람들이 수업에 참석하기를 두려워할 때 당신이 그들에게 접근하는 최선의 방법은 단순히 그들이 참여하도록 격려하고, 그들이 참여할 때 그들을 인정하는 것입니다.

나는 사람들에게 종종 다음과 같이 말합니다. "여러분, 가장 어리석은 수업은 질문이 없는 수업입니다. 왜냐하면 그것은 수술 뒤에도 남아 있는 파편과 같아서 언젠가는 우리에게 상처를 입히기 때문입니다. 그래서 우리는 이 반에서 제기되는 어떠한 질문이나 견해에 대해서도 비웃지 않을 것입니다. 우리는 그러한 견해들을 진지하게 받아들일 것입니다."

누군가가 질문을 할 때마다 나는 "정말 근사한 질문이군요. 감사합니다!"라고 말하거나 "나는 지금까지 성경을 연구해 오는 수년 동안 본절에 대해 그러한 훌륭한 통찰력 있는 질문을 한 번도 들어본 적이 없습니다. 실로 대단한 질문입니다. 감사합니다!" 혹은 "그것은 내가 본절에 대하여 지금까지 들어온 질문들 중 가장 심오한 질문 중 하나입니다." 라고 말합니다.

학생들이 질문하는 것을 축하해 주십시오. 질문을 하는 자가 누구든지 간에 그를 영웅시해 주십시오.

어느 날 수업 시간에 어떤 학생이 "이것은 우스운 질문일지도 모르겠습니다만, 오랫동안 저는 이 질문을 하고 싶었습니다."라고 말하면 아낌없이 칭찬해 주십시오. 그러면 말하기를 꺼려하는 분위기에서 자연스럽게 질문하는 분위기를 창조할 수 있을 것입니다.

대답하기 어려운 질문 처리법

만일 답변할 수 없는 질문을 받게 된다면 당신은 어떻게 하겠습니까? 당신의 반응이 참으로 중요합니다. 왜냐하면 많은 학생들의 마음에는 "입을 열어 모든 의문을 제거하는 것보다는 침묵하는 벙어리가 되는 것이 더 낫다"는 생각이 자리잡고 있기 때문입니다. 이런 경우에 다음과 같이 대답하면 어떨까요?

"매우 까다로운 질문이군. 고맙네. 나는 그에 대한 답을 갖고 있지 않아서 그러는데 대신 자네가 대답을 해주었으면 좋겠는데."

이렇게 말하면서 당신은 어쩌면 대학에서 학생의 질문에 대하여, "글쎄…… 반면에…… 따라서…… 그래서…… 말하자면…… 대개의 학자들이 동의하듯이……"라는 식으로 중얼거리며 대답했던 어떤 교수를 회상할지도 모릅니다. 그러면서 당신은 '지금까지도 그 교수는 그 질문에 답변해 줄 수 없을거야'라고 생각하고 있을지도 모릅니다.

내가 만났던 가장 위대한 교수는 신약 신학에 있어 최고의 권위자들 중 한 분이셨습니다. 어느 날 반에서 한 학생이 그 교수에게 한 가지 질문을 하자, 그는 다음과 같이 답변하였습니다.

"젊은이, 그것은 내가 36년간 가르쳐오는 동안 내가 받았던 질문 중 가장 통찰력 있는 질문일세. 하지만 그 질문에 나는 답변을 할 수가 없네. 그러나 연구해서 답을 해 주겠네. 또 다른 질문은 없는가?"

이와 같이 누구라도 속여서는 안됩니다. "나도 모르겠네"라는 대답을 창피하게 생각해서는 안된다는 것입니다.

그렇다면, 답변하기 어려운 질문들은 어떻게 다루어야 합니까? 이것은 비그리스도인들의 마음을 움직이는 데 가장 효과적인 방법이라고 나는 믿습니다. 비그리스도인들은 그 질문에 답할 필요가 없기 때문에 편안한 마음으로 어려운 질문을 던집니다.

나는 한때 불신자들을 위한 성경 공부반을 지도한 적이 있었는데, 한번은 내가 그들에게 마가복음을 가르치는 가운데 한 사람이 손을 들고 다음과 같이 묻는 것이었습니다.

"이봐요, 당신은 내게 예수 그리스도가 하나님이라고 가르치려는 것은 아니겠지요? 그렇지요?"

이러한 질문은 일반적으로 교회에서 어떻게 다루어집니까? 이러한 질문에 대한 반응은 매우 중요한 것입니다. 왜냐하면 그것은 한 개인의 구원과 직결되는 문제이기 때문입니다.

그의 질문에 대해 나는 다음과 같이 대답하였습니다.

"짐, 그 질문은 우리가 다루고 있는 것과 관련된 아주 중요한 질문입니다. 바로 핵심을 찌른 질문입니다. 여러분, 모두 짐의 질문을 들었습니까? 짐, 미안하지만 그 질문을 다시 한 번 말해 주시겠습니까?"

짐과 같은 학생은 교사의 답변을 듣지 않을지도 모릅니다. 그러나 그는 당신의 태도에 따라 틀림없이 점점 좋아질 것이며, 그렇게 된다면 당신은 그를 이긴 것입니다.

그런데 만약 의자에 앉아 있는 그를 호되게 꾸짖어 보십시오. 그러면 그는 더 이상 질문하지 않을 것이며, 성경공부 시간에 다시는 얼굴을 나타내지 않을 것입니다.

토의를 독점하는 자들을 통제하기

만일 어떤 학생이 반에서 이루어지는 토의를 혼자서 주도하고 있다면 당신은 어떻게 하겠습니까? 그것의 화제를 돌려 놓기란 나이아가라 폭포의 흐름의 방향을 돌려 놓는 것만큼이나 어려울 것입니다. 이에 대해 세 단계의 방침을 제시해 보겠습니다.

첫째, 그의 참여에 대하여 감사를 표하고 인정해 주십시오. 그리고 그에게 개인적으로 다음과 같이 말해 주십시오.

"나는 학생이 적극적으로 참여해 주어서 대단히 고맙게 생각하네. 다른 학생들도 자네와 같이 토론에 적극적으로 참여했으면 하네."

아마도 지금까지 그에게 그러한 말을 해준 사람은 없을 것입니다. 대개의 사람들은 그에게, "그만 좀 하게!"라고 말합니다. 물론 이렇게 주의를 준다고 해서 그 학생이 침묵을 지키는 것은 아닙니다.

둘째, 그 학생에게 다음과 같이 양해를 구하십시오.

"많은 학생들이 이 토의에 참여하지 않고 있질 않나? 다른 학생들에게도 기회를 주지 않겠나? 잠시만 기다려 주게. 우리 함께 노력해 보자구."

이러한 접근법은 놀라운 결과를 가져올 것입니다.

마지막으로, 학습 시간 중 그에게 질문에 대한 답변을 요구하십시오. 그런 일은 그에게 있어 처음 있는 사건일 것이며, 그로 인하여 그 학생은 자기의 존재가 진정으로 인정받고 있음을 느낄 것입니다.

나는 반에서 토론을 주도해오던 학생에게 이 방법을 사용했었는데, 그 학생은 매우 흥분해서 "저, 저 말입니까?"라고 말했습니다. 후에 그 학생은 "선생님도 아시다시피, 저는 반에서 미운 오리새끼 취급을 받아 왔어요."라고 나에게 말했습니다.

"정말인가? 왜 그러한 생각을 가지고 있지?"

"다른 학생들이 선생님께 제 이야기를 했겠지요. 저에게 말할 기회를 주셔서 참으로 고맙습니다. 지금까지 저에게 이렇게 대해준 사람은 아무도 없었거든요."

이렇게 해서 나는 그의 사기를 꺾지 않고도 내 편으로 만들 수 있었습니다.

바로 이런 방법이 우리가 원하는 것입니다. 당신이 하고자 하는 방법을 완전히 습득하고 토론을 이끌면 가르치는 일이 참으로 재미있게 될 것입니다. 학생들을 당신이 원하는 방향으로 따라오게 하십시오.

한번은 한 학생이 나에게, 자기는 언젠가 결혼하기로 결정했다고 말했습니다. 이 말을 듣고서 나는, "그래? 그것 참 기쁜 소식일세."라고 말하면서 속으로 '우리는 지금도 계속해서 성장하고 있네'라는 생각을 하였습니다. 그리고 나는 그에게 물었습니다.

"자네는 어떤 여성을 배우자로 찾고 있는가?"

그러자 그는 세 페이지나 되는 타이핑한 종이를 꺼냈습니다.

"나는 자네가 결혼 문제에 대하여 깊이 생각해 왔다고 보네. 알다시피 나는 요즘 결혼에 관한 책을 쓰고 있는데, 자네가 기록한 것을 좀 빌려줄 수 있겠나?"라고 나는 말하였습니다.

그러자 그는 당황하면서, "안됩니다, 안돼요. 교수님께 도움이 될 일이라면 뭐든지 할 수 있지만 이것만은 안됩니다."라고 말했습니다.

그는 자기의 결혼관이 잘못됐음을 깨달은 것입니다. 그때 나는 그의 목록을 훑어보고는 그에게 다음과 같은 질문을 던졌습니다.

"그러면 자네는 이 목록에 제시된 것 중에서 몇 가지를 갖추었는가?"

올바른 노트 필기

대부분의 학생들은 수업 시간에 필기하는 방법을 모르거나 노트 필기의 가치를 이해하지 못하고 있습니다. 만일 당신이 이 사실을 믿지 못하겠다면, 수업이 끝난 후 학생들이 버리고 간 종이를 주워서 살펴보십시오. 나는 성경 공부나 설교를 할 때마다 이 일을 하곤 합니다. 내가 종이를 줍는 것은 교회 청소를 위해서가 아니라 그 일이 흥미롭기 때문입니다. 만일 내가 메시지의 주제를 완전히 이해시키기 위해 에스키모 개에 대한 예화를 사용했다면, 설교가 끝나고 사람들이 다 나간 후에 그들이 앉아 있던 곳을 보면 '개'라고 적혀진 종이를 주울 수 있을 것입니다. 어쩌면 그것은, 내가 설교를 끝내고 입구에 서 있을 때 나에게 인사를 하고는 "목사님도 아시겠지만, 저는 에스키모 개 한 마리를 키운 적이 있어요."라고 말했던 바로 그 부인이 적은 것이었을 것입니다.

당신은 수업 시간마다 수업 내용의 기본적인 개요를 제시해 줌으로써 학생들이 보다 필기를 효과적으로 할 수 있도록 도울 수 있습니다. 그렇게 해서 시간이 흐르면 흐를수록 당신은 칠판에 필기하는 분량을 줄이게 되고 학생들 역시 노트 필기를 적게 하게 됩니다. 당신은 학생들이 사교하면서도 잘 알아 들을 수 있도록 그들을 점진적으로 훈련시켜야 합니다.

나는 한때 전문직에 종사하는 사람들의 모임에서 성경 공부를 인도했었습니다. 그런데 이들 중 한 사람은 메사추세츠 공과대학(MIT)을 졸업하고 대학원까지 나온 뛰어난 재원이었습니다. 그는 상담자를 찾고 있었지만, 정신적인 문제 때문은 아니었습니다. 그는 가끔 우리 반에 들어와 눈을 크게 뜨고 팔장을 끼고 앉아 수업을 경청하곤 하였습니다.

그러던 어느 날 성경 공부를 하다가 쉬는 시간에 그와 이야기를 나눌 기회가 있었습니다.

"메사추세츠 공과대학을 졸업하셨다고요?"

"예, 그렇습니다."

"대학 생활은 어땠습니까?"

"예, 매우 즐거웠습니다."

"수업 시간에 필기를 하셨습니까?"

"대학에서 말입니까?"

"예."

"물론이지요. 학생들은 대부분 필기를 하지요."

"노트 필기가 도움이 되던가요?"

"큰 도움이 됩니다. 노트 필기는 식량과 같이 반드시 필요합니다."

"그렇지요? 그럼, 제 성경 공부 시간에도 필기를 하시나요?"

"여기서 말입니까? 이 성경 공부반에서 말예요?"

"그렇습니다."

"아니요, 미처 그 생각을 하지 못했습니다만, 참 좋은 생각인데요."

"노트 필기가 많은 도움을 줄 것입니다."

그 다음 주에 그는 필기도구를 가지고 나왔습니다. 막 공부를 시작하려는데 그가 일어서더니 "헨드릭스 선생님, 질문이 있습니다"라고 말한 후 계속해서 질문을 했습니다. 그는 구경만 하던 사람이었는데, 그 이후로는 수업에 적극적으로 참여하게 되었습니다.

노트 필기를 시작함으로써 성경의 진리가 그의 삶과 깊은 관계가 있음을 배우게 되었고, 그래서 그의 삶에 생기가 넘치게 된 것입니다.

생각해 봅시다
(개인적인 평가 및 다른 교사들과의 토의를 위한 질문)

1. 당신은 수업을 보통 몇 단계로 준비합니까?

2. 수업 도중 예기치 못한 질문으로 인해서 발생하는 충격을 줄일 수 있는 방법을 알고 있습니까? 수업 시간에 유효적절하게 적용할 수 있는 학습 활동을 6가지 정도 적어 보십시오. 단, 이 방법은 당신이 평소에 사용하던 방법과는 형식이나 접근법이 다른 것이어야 합니다. 비록 효과가 있으리라고 장담하지 못할 것이라도 기록해 보십시오. 그리고 그 중에서 가장 훌륭한 것을 골라 실행해 보십시오.

3. 당신이 다른 사람에게 배울 때 강의 내용을 필기하고자 하는 마음이 일어났다면, 그 동기는 무엇입니까?

4. 교회에서 성인반 성경 공부를 인도하고 있을 때 아래와 같은 상황이 발생했다면, 당신은 어떻게 대처하겠습니까?

(a) 당신의 반에서 다소 완강한 성격을 가진 두 사람이 수업 내용과는 별로 관련이 없는 교리들을 가지고 열심히 주장하고 있습니다. 이러는 도중에 당신이 보기에는 다른 사람들이 흥미를 가지고 있는 것처럼 보이지만 그 토론에 참여하고 있는 사람은 당신과 그 두 사람뿐이라는 것을 알게 되었을 때, 당신은 어떻게 하겠습니까?

(b) 당신이 지난 주 강의 준비를 할 때, 오늘 가르칠 내용과 관련하여 책을 한 권 얻었는데, 그 책은 주제에 관한 한 탁월하지만 이미 원본이 절판되었기 때문에 복사본밖에 얻을 수 없었습니다. 그래서 당신은 그 책의 내용에서 가치있고 실제적인 제안들을 간추려서 두 페이지로 요약하여 오늘 수업 시간에 이것을 공부해야겠다는 계획을 세웠습니다. 그러나 교회에 도착해 보니 복사기가 고장나 있었습니다. 이제 2분 뒤엔 수업이 시작되는데 당신이 가지고 있는 것이라곤 요약된 것뿐입니다. 또 성경 공부에 참석하는 사람들은 필기를 하지 않는데다가 펜과 노트를 가지고 오는 사람도 매우 적습니다. 이럴 경우에 당신은 어떻게 하겠습니까?

   (c) 학급 내의 누구와도 친분이 없는 어떤 부인이 처음으로 성경 공부에 참석했는데, 수업 도중에 갑자기 울음을 터트렸을 경우 어떻게 하겠습니까?.

   (d) 학급 사람들 중에서 두 명은 지난 주에 내준 과제를 완벽하게 하고, 오늘은 그 과제에 기초해서 심도있는 공부를 해보고자 하는 마음으로 참석했습니다. 그러나 나머지 7명은 과제를 일부만 해왔거나 손도 대지 않았음에도 불구하고 새로운 것을 배우고 싶어할 때는 어떻게 하겠습니까?.

   (e) 분명 괴로움을 당하고 있는 한 부인이 자기는 무엇인가에 억눌림을 당했기 때문에 그것을 공공연하게 입 밖에 내지 않을 수 없음을 느낀다고 말하여 토의에 지장을 줍니다. 그녀는 어떤 문제가 그녀의 교우 관계를 어렵게 하고 있다고 말하며, 그녀의 친구가 화해하려는 그녀의 노력을 거절했다고 말합니다.

5. 179페이지에 실린 교육의 일곱 가지 법칙에 대한 목록을 보십시오. 이 법칙들 중 당신은 어느 것을 교육에 있어 가장 일관성 있게 실행한다고 생각합니까? 이 법칙들 중 어느 것에 가장 관심이 끌리며, 어느 것이 당신의 발전을 가져왔습니까?

투자하기

무릇 온전케 된 자는 그 선생과 같으리라 (눅 6:40)

선생인 당신의 사고력과 감정을 자극하며, 당신을 격려하여 활동시키기 위해, 지금까지 살펴본 일곱 가지 기본 법칙을 다음과 같이 글자맞추기 형식으로 제시합니다.

T 교사의 법칙(The Law of the Teacher) - 오늘 성장하기를 중단하면, 내일 가르치기를 중단해야 한다.

E 교육의 법칙(The Law of Education) - 당신의 가르침은 사람들이 배우는 법을 결정한다.

A 행동의 법칙(The Law of Activity) - 배움의 극대화는 언제나 최대한으로 참여했을 때 나타나는 결과이다.

C 전달의 법칙(The Law of Communication) - 지식을 전해 주기 위해서는 다리를 놓아주는 일이 필요하다.

H 마음의 법칙(The Law of Heart) - 영향을 미치는 교육은 머리대 머리가 아니라, 마음대 마음이다.

E 격려의 법칙(The Law of Encouragement) - 교육은 배우는 자가 적절한 자극을 받게 될 때 가장 효과적으로 이루어진다.

R 준비의 법칙(The Law of Readiness) - 가르침과 배움의 과정은 학생과 교사에게 각각 적절한 준비가 되어 있을 때 가장 효과적이다.

위의 법칙들은 효과적인 가르침을 위한 기본적인 원리입니다. 당신이 가르치는 그룹이 어떠한 연령층이든, 주제가 무엇이든, 당신이 어떠한 문화적인 배경에서 교육을 하고 있든 간에 이러한 법칙들을 당신이 이해하고 적용한다면, 학생들의 삶을 한 차원 높이는 데 도움이 될 것입니다.

그러나 이러한 법칙들은 단지 원리에 불과하다는 사실을 명심하십시오. 하나님은 자신의 뜻을 이루실 때 원리를 사용하시는 것이 아니라 사람을 사용하십니다.

당신이 하나님께로부터 받은 소명인 선생으로서 성공하는 데는 이러한 법칙을 아는 것에 달려 있는 것이 아니라 한 인격으로서의 당신의 인격에 달려 있으며, 당신이 하나님의 능력을 신뢰하는 정도에 달려 있습니다. 교사로서 성공의 비결은 당신이 하나님을 위해 일하는 것이 아니라 하나님이 당신을 사용하셔서 일하게 하시는 데 있는 것입니다. 하나님은 당신을 자신의 도구로 사용하기를 원하십니다. 하나님의 도구가 된다는 것은 당신의 생각이 새롭게 되고 변화되는 것을 말합니다.

그분의 도구로서 당신은 기꺼이 하나님으로 하여금 당신을 변화시키시도록 하겠습니까? 그렇게 해야만이 당신은 다른 사람들에게 참으로 영향을 줄 수 있습니다. 그러한 의도와 위임이 당신의 가르침에 있어 성공을 향한 가장 큰 일보를 내딛는 것이 될 것입니다.

어떤 선교사는 동유럽의 그리스도인들을 실천은 잘 하나 지식이 없고, 서유럽의 그리스도인들은 지식은 많지만 실천이 부족한 자들로 묘사하였습니다. 서유럽의 교회들 가운데에도 너무나 많은 이들이 실천의 결핍으로 인하여 볼품 없고 미발육된 자세로 축 늘어져 있습니다.

그러므로 다음과 같은 질문이 잔소리로 들려서는 안됩니다.

'발전을 위한 대가를 기꺼이 치르겠습니까?'

발전하려면 대가가 들게 마련입니다. 효과적인 가르침은 백화점의 염가 세일과는 다릅니다.

만일 당신이 이 사실을 인정한다면 당신은 기꺼이 그 대가를 지불하리라고 나는 믿습니다. 효과적인 교육의 성취는 적은 결심과 제한된 시간만 투자해서는 결코 얻을 수 없습니다.

당신이 타인을 위해 자신의 삶을 헌신하고자 한다면 분명히 이 책의 내용대로 실천하리라고 나는 믿습니다. 행동에 옮기는 것, 바로 이것이 내가 이 책을 쓴 목적입니다.

■ 역자약력 ■

김의원

숭실대학교 졸업(B.A)
총신대학 신학연구원 수학
미국 웨스트민스터 신학교 졸업(M.Div)
미국 웨스트민스터 신학대학원 졸업(구약전공:Th.M)
미국 뉴욕대학교 대학원 졸업(Ph.D)
미국 뉴욕중부교회 4년간 담임
총신대학교 총장 역임
백석대학교 부총장 역임
현재, 선교사 ATEA 대학원(AIIS) 총장

조남수

총신대학 신학연구원 졸업(B.D)
미국 풀러 신학교 목회학 박사(D.Min)
미국 갈보리 신학교 수료
미국 그레이스 신학교 수료
전 미주 한인 제자훈련 담당책임자 역임
미국 나성 사랑의교회 8년간 담임
부산 가나안 장로교회 담임목사 역임
부산 가나안 장로교회 은퇴목사
현재, 선교와 제자훈련 사역으로 미국에서 사역

> 판 권
> 소 유

삶을 변화시키는
교사입니까

1993. 3. 10. 초판 펴냄
2022. 3. 10. 37판 펴냄

지은이 하워드 G. 핸드릭스
옮긴이 김의원·조남수 공역
발행인 김영무

발행처 : 도서출판 아가페문화사
07004 서울 동작구 사당3동 252-16
전화 3472-7252, 3 팩스 523-7254
등록 제3-133호(1987. 12. 11)

보급처 : 아가페문화사
07004 서울 동작구 사당3동 252-16
전화 3472-7252, 3 팩스 523-7254
온라인 우 체 국 011791-02-004204 (김영무)

값 10,000원

ISBN 978-89-8424-003-2 03230